Álvaro Zimmermann Aranha
Manoel Benedito Rodrigues

(Os Autores são Professores do Colégio Bandeirantes de São Paulo)

Exercícios de Matemática – vol. 3
Progressoões Aritméticas e Geométricas

Outras obras da Editora Policarpo:
Autores: Álvaro Zimmermann Aranha e Manoel Benedito Rodrigues
            Coleção Exercícios de Matemática
            Volume 1 – Revisão de 1º Grau
            Volume 2 – Funções e Logaritmos
            Volume 3 – Progressões Aritméticas e Geométricas
            Volume 5 – Matrizes, Determinantes e Sistemas Lineares
            Volume 6 – Geometria Plana
            Volume 7 – Geometria no Espaço

Coleção Vestibulares:
Autores: Roberto Nasser e Marina Consolmagno
            História nos Vestibulares
Autores: Minchillo, Carlos A. Cortez et. alii
            Português nos Vestibulares
Autor: Gil Marcos Ferreira
            Física nos Vestibulares

Dados Internacionais de Catalogação na Publicação (CIP)
(Câmara Brasileira do Livro, SP, Brasil)

Aranha, Álvaro Zimmermann
  Progressões aritméticas e geométricas / Álvaro Zimmermann Aranha, Manoel Benedito Rodrigues. -- 2. ed. rev. melhor. -- São Paulo : Policarpo, 1994. -- (Exercícios de matemática ; v. 3)

  1. Progressões aritméticas 2. Progressões aritméticas – Problemas, exercícios, etc. 3. Progressões geométricas 4. Progressões geométricas – Problemas, exercícios, etc. I. Rodrigues, Manoel Benedito. II. Título III. Série.

94-2587   CDD-510.07

Índices para catálogo sistemático:

1. Matemática: Estudo e Ensino   510.07

Todos os direitos reservados à
Editora Policarpo Ltda.
Rua Dr. Rafael de Barros, 185 – apto 12
São Paulo - SP
04003-041
✆ (011) 288-0895

Apresentação

Os livros da coleção Exercícios de Matemática apresentam forte intenção de oferecer aos estudantes de Matemática (do que é lecionado em 1º e 2º graus) uma numerosa e abrangente lista de exercícios, todos com resposta, que foram elaborados e colocados em ordem tal que resultasse num crescimento extremamente suave do seu grau de dificuldade, isto é, desde os muito simples até aqueles exercícios e problemas mais complexos.

Para facilitar a utilização deste livro por alunos e professores, cada capítulo é formado por Resumos Teóricos, Exercícios, Exercícios de Fixação e Exercícios Suplementares.

Na parte que chamamos Exercícios, estão aqueles iniciais e básicos que, normalmente, são resolvidos em sala de aula; os Exercícios de Fixação têm a finalidade de fazer com que o aluno adquira uma razoável prática nos diversos tópicos estudados; em seguida, os Exercícios Suplementares, geralmente mais sofisticados, visam ampliar e aprofundar os conhecimentos obtidos anteriormente.

No final de cada volume desta coleção, o leitor encontrará uma seleção de testes e questões, recentes ou não, retirados dos principais exames vestibulares não só de São Paulo como de outros Estados brasileiros.

Desde já, agradecemos por eventuais comentários, críticas ou sugestões que nos sejam enviados pelos leitores deste trabalho, pois, para nós, terão grande importância e serão muito bem recebidos.

Bibliografia

(1) Antar Neto, Aref e outros - *Noções de Matemática*; Editora Moderna; 1979.

(2) Antonov, N. e outros - *Problems In Elementary Mathematics For Home Study*; Mir Publishers; 1982.

(3) Apostol, Tom M. - *Calculus*; Editorial Reverté; 1973.

(4) Bogomolov, N.V. - *Mathematics For Technical Schools*; Mir Publishers; 1986

(5) Dorofeev, G e Outros - *Elementary Mathematics, Selected Topics And Problem Solving*; Mir Publishers; 1973

(6) Guelli, Cid A. e outros - *Coleção Matemática Moderna*; Editora Moderna

(7) Gusev, V.A. e Mordkovich, A.G. - *Mathematics For Those Entering Technical Schools*; Mir Publishers; 1986.

(8) Iezzi, Gelson e outros - *Fundamentos de Matemática Elementar*; Atual Editora; 1985.

(9) Krechmar, V.A. - *A Problem Book In Algebra*; Mir Publishers; 1978.

(10) Litvinenko, V. e Mordkovich, A. - *Solving Problems In Algebra And Trigonometry*; Mir Publishers, 1987.

(11) Machado, Antonio dos Santos - *Matemática, Temas e Metas*; Atual Editora; 1986.

(12) Milies, C.P. e Coelho, S.P. - *Números, uma Introdução À Matemática*; (2ª Edição Preliminar), 1982.

(13) Spivak, Michael - *Cálculo Infinitesimal*; Editorial Reverté; 1970.

(14) Trotta, Fernando e outros - *Matemática Por Assunto*; Editora Scipione.

(15) Tulaikov, A.N. e outros - *Problemas de Matemáticas Elementales*, Editorial Mir; 1972.

(16) Zaitsev, V.V. e outros - *Elementary Mathematics, A. Review Course*; Mir Publishers, 1978.

Índice

Capítulo 1 – Seqüências 7
A – Seqüência finita 9
Definição 9
B – Seqüência infinita 10
Definição 10
C – Leis de formação de uma seqüência 10
D – Classificação das seqüências 13
Exercícios 14
Exercícios de Fixação 17
Exercícios Suplementares 19

Capítulo 2 – Progressões Aritméticas (PA) 21
Progressão Aritmética (PA) 23
A – Definição 23
B – Classificação da PA 23
Exercícios 24
C – Fórmula do Termo Geral da PA 25
D – Propriedades da PA 26
E – Interpolação Aritmética 28
F – Soma dos n primeiros termos da PA 28
Exercícios 29
Exercícios de Fixação 35
Exercícios Suplementares 40

Capítulo 3 – Progressões Geométricas (PG) 43
Progressões Geométricas (PG) 45
A – Definição 45
B – Classificação da PG 45
Exercícios 47
C – Fórmula do Termo Geral da PG 49
D – Propriedades da PG 49
E – Interpolação Geométrica 51
F – Produto dos n Primeiros Termos da PG (Pn) 51
Exercícios 53
G – Soma dos n Primeiros Termos da PG (Sn) 58
Exercícios 60
H – Soma dos Termos da PG Infinita (S) 61
Exercícios 62
Exercícios de Fixação 62
Exercícios Suplementares 68

Capítulo 4 – Complementos 71
A – Progressões Harmônicas (PH) 73
Exercícios 74
B – Progressões Aritmético-Geométricas - (PAG) 75
Exercícios 76
C – Progressões Geométrico–Aritméticas (PGA) 77
Exercícios 77

Testes e Questões de Vestibulares 79
Capítulo 1 – Seqüências 81
Capítulo 2 – Progressões Aritméticas 82
Capítulo 3 – Progressões Geométricas 91

Respostas 109
Capítulo 1 – Seqüências 111
Capítulo 2 – Progressões Aritméticas (PA) 114
Capítulo 3 – Progressões Geométricas (PG) 123
Capítulo 4 – Complementos 128
Testes e questões de vestibulares 130

Capítulo 1

Seqüências

A – Seqüência finita

Definição
Seja o conjunto A formado pelos números naturais de 1 até k:

$$A = \{1, 2, 3, 4, ..., k\}.$$

Chamamos seqüência finita a toda função f de a em $\mathbb{R}$.

Exemplo: Seja a função $f : A \to \mathbb{R}$ definido no diagrama seguinte:

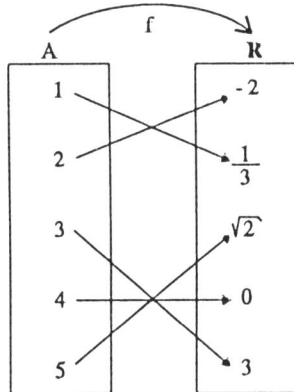

onde $A = \{1, 2, 3, 4, 5\}$
e $\mathbb{R}$ = conjunto dos números reais

A função

$$f = \left\{ \left(1, \frac{1}{3}\right), (2,-2), (3,3), (4,0), (5,\sqrt{2}) \right\}$$

pode, de modo mais simples, ser escrita:

$$f = \left(\frac{1}{3}, -2, 3, 0, \sqrt{2} \right)$$

na forma de um conjunto ordenado com 5 elementos em que aparecem apenas as imagens da função, pois os antecedentes estão definidos pela posição de cada termo.

Assim, temos:

$a_1 = \dfrac{1}{3}$ (primeiro termo da seqüência)

$a_2 = -2$ (segundo termo)
$a_3 = 3$ (terceiro termo)
$a_4 = 0$ (quarto termo)
$a_5 = \sqrt{2}$ (quinto e último termo)

Observações:
1ª) Note que o índice (posição) de cada termo indica o antecedente de cada par: $a_1 = \frac{1}{3}$ é o par $\left(1, \frac{1}{3}\right)$ da função f.
2ª) Neste exemplo, essa seqüência finita tem número de termos n = 5.
3ª) Para fazer o gráfico dessa seqüência, basta representar os 5 pares ordenados no plano cartesiano.

B – Seqüência infinita

Definição
Chama-se seqüência infinita a toda função f de N^* em R.
Exemplo:
Seja a função $f : N^* \to R$, definida pela lei f (x) = 2x. Ela pode ser escrita assim:
f = { (1,2), (2,4), (3,6), (4,8), ..., (n, 2n), ...}
ou, mais simplesmente, assim:
f = (2, 4, 6, 8, ..., 2n, ...)
na forma de um conjunto ordenado com infinitos elementos. Indicamos:
a_1 = 2 (primeiro termo)
a_2 = 4 (segundo termo)
a_3 = 6 (terceiro termo) até
a_n = 2n (enésimo termo da seqüência) e, assim, sucessivamente.

Observações:
1ª) A seqüência deste exemplo é infinita, isto é, tem infinitos elementos.
2ª) De modo genérico, indicaremos uma seqüência qualquer, do seguinte modo:
$f = (a_1, a_2, a_3, a_4, ..., a_n, ...)$ onde n é a posição do termo a_n (enésimo termo).

C – Leis de formação de uma seqüência

Para definir uma seqüência, além do domínio (A) e do contra-domínio (R), costumamos, quando possível, estabelecer os pares ordenados através de uma lei de formação. Aqui apresentaremos dois tipos de leis de formação muito usadas na definição das seqüências: as **leis de recorrência** e as **leis de posição**.

C.1 – Leis de recorrência

Nas leis de recorrência, definimos o primeiro termo (a_1) e, a seguir, damos uma regra que permita achar qualquer termo (a_n) a partir do seu antecessor (a_{n-1}).

Exemplos:
a) Seja a seqüência f definida pela seguinte lei de recorrência:

$$\begin{cases} a_1 = 4 \\ a_n = 2.a_{n-1} - 3 \end{cases} \text{ para } n \in N \mid 2 \leq n \leq 4$$

Neste caso, temos:
para $n = 2 \Rightarrow a_2 = 2 \cdot a_1 - 3 = 2 \cdot 4 - 3 = 5$
para $n = 3 \Rightarrow a_3 = 2 \cdot a_2 - 3 = 2 \cdot 5 - 3 = 7$
para $n = 4 \Rightarrow a_4 = 2 \cdot a_3 - 3 = 2 \cdot 7 - 3 = 11$
Portanto, esta seqüência pode ser escrita assim:
$f = (4, 5, 7, 11)$

Observações:
1ª) Esta seqüência é finita e seu número de elementos é n = 4 (seu último termo é $a_4 = 11$)
2ª) Nas leis de recorrência, determinamos o 2º termo a partir de 1º, o 3º a partir do 2º e assim por diante.

b) Seja a seqüência f seguinte: $\begin{cases} a_1 = 2 \\ a_n = 3.(a_{n-1} - 2) \end{cases}$

para $n \in N \mid n \geq 2$
Assim, temos:
para $n = 2 \Rightarrow a_2 = 3(a_1 - 2) = 3(2 - 2) = 0$
para $n = 3 \Rightarrow a_3 = 3(a_2 - 2) = 3(0 - 2) = -6$
para $n = 4 \Rightarrow a_4 = 3(a_3 - 2) = 3(-6 - 2) = -24$
para $n = 5 \Rightarrow a_5 = 3(a_4 - 2) = 3(-24 - 2) = -78$
e assim por diante, teremos:
$f = (2, 0, -6, -24, -78, ...)$

Observação
Esta seqüência é infinita e, portanto, não tem último elemento.

C.2 – Leis de posição

Numa seqüência definida por uma lei de posição, podemos determinar qualquer termo a partir de sua posição na seqüência, ou seja, é uma lei que determina o termo a_n em função de n.

Exemplos:
a) Seja a seqüência f definida pela seguinte lei de posição:

$a_n = \dfrac{n+1}{n}$ para $n \in N^*$

Para obtermos os elementos da seqüência, atribuímos valores a n:

para $n = 1 \Rightarrow a_1 = \dfrac{1+1}{1} = 2$

para $n = 2 \Rightarrow a_2 = \dfrac{2+1}{2} = \dfrac{3}{2}$

para $n = 3 \Rightarrow a_3 = \dfrac{3+1}{3} = \dfrac{4}{3}$

para $n = 4 \Rightarrow a_4 = \dfrac{4+1}{4} = \dfrac{5}{4}$

Observe que nas leis de posição podemos determinar um termo qualquer sem conhecer o seu antecessor (como acontece nas leis de recorrência). Vamos, por exemplo, determinar o 9º termo dessa seqüência:

para $n = 9 \Rightarrow a_9 = \dfrac{9+1}{9} = \dfrac{10}{9}$

Assim, temos:

$f = \left(\underset{a_1}{2}, \underset{a_2}{\dfrac{3}{2}}, \dfrac{4}{3}, \dfrac{5}{4}, \ldots, \underset{a_9}{\dfrac{10}{9}}, \ldots \right)$

b) Seja a seqüência f definida pela lei:
$a_n = 3n - 7$ para $n = 1, 2, 3, 4, 5, 6$.
Atribuindo valores a n, temos:
para $n = 1 \Rightarrow a_1 = 3 \cdot 1 - 7 = -4$
para $n = 2 \Rightarrow a_2 = 3 \cdot 2 - 7 = -1$
para $n = 3 \Rightarrow a_3 = 3 \cdot 3 - 7 = 2$
para $n = 4 \Rightarrow a_4 = 3 \cdot 4 - 7 = 5$
para $n = 5 \Rightarrow a_5 = 3 \cdot 5 - 7 = 8$
para $n = 6 \Rightarrow a_6 = 3 \cdot 6 - 7 = 11$

Portanto, a seqüência f que é finita, pode ser escrita assim:
$f = (-4, -1, 2, 5, 8, 11)$

Observações:
(1ª) O número de termos desta seqüência é n = 6
*(2ª) Numa seqüência finita, o primeiro e o último termos são chamados de **extremos** e os demais termos são chamados de **meios**. No exemplo acima, os extremos são $a_1 = -4$ e $a_6 = 11$ e os meios dessa seqüência são $a_2 = -1$, $a_3 = 2$, $a_4 = 5$ e $a_5 = 8$.*
(3ª) Duas seqüências são iguais se, e somente se, forem funções iguais. Observe os exemplos:
(1, 4, 5) = (1, 4, 5)
(1, 4, 5) ≠ (4, 1, 5) (não estão na mesma ordem)
(1, 4, 5) ≠ (1, 2, 5) (não têm os mesmos elementos)

D – Classificação das seqüências

D.1 – Seqüência crescente
Uma seqüência é chamada crescente se cada termo, a partir do segundo, é maior que o precedente.
$a_{n+1} > a_n$, $\forall\ n \in A$, onde A é o domínio da seqüência.

Exemplos:
a) (2, 5, 8, 11, 14, 17)
b) (–16, – 8, – 4, – 2, –1,..., -2^{5-n},.....)

D.2 – Seqüência decrescente
Uma seqüência é chamada decrescente se cada termo, a partir do segundo, é menor que o precedente.
$a_{n+1} < a_n$, $\forall\ n \in A$.

Exemplos:
a) (7, 5, 3, 2, 1, 0, –1)
b) $\left(-\dfrac{1}{2}, -\dfrac{2}{3}, -\dfrac{3}{4}, -\dfrac{4}{5}, -\dfrac{5}{6},\ldots, -\dfrac{n}{n+1},\ldots\right)$

D.3 – Seqüência não crescente
Uma seqüência é chamada não crescente se cada termo, a partir do segundo, é menor ou igual ao precedente.
$a_{n+1} \leq a_n$, $\forall\ n \in A$

Exemplo: (7, 5, 5, 5, 4, 3, 3, 1)

D.4 – Seqüência não decrescente
Uma seqüência é chamada de não decrescente se cada termo, a partir do segundo, é maior ou igual ao precedente.
$a_{n+1} \geq a_n$, $\forall\ n \in A$

Exemplo: (3, 3, 4, 5, 6, 6)

Exercícios

1 Determine o último termo das seguintes seqüências, definidas por leis de recorrência:

a) $\begin{cases} a_1 = 3 \\ a_n = a_{n-1} + 2 \quad \text{para } n \in N \mid 2 \leq n \leq 5. \end{cases}$

b) $\begin{cases} a_1 = \dfrac{1}{4} \\ a_n = (-2) \cdot a_{n-1} \quad \text{para } n = 2, 3, \ldots, 7. \end{cases}$

c) $\begin{cases} a_1 = \dfrac{1}{3} \\ a_n = 1 - 3 \cdot a_{n-1} \quad \text{para } n = 2, 3, 4. \end{cases}$

2 Escreva os quatro primeiros termos das seguintes seqüências infinitas, definidas por leis de posição:

a) $a_n = 2 \cdot 3^{3-n}$, $n \in N^*$
b) $a_n = 12 - 4n$, $n \in N^*$
c) $a_n = (-1)^n \cdot n^2 + 3$, $n \in N^*$
d) $a_n = \dfrac{n}{2^{n-1}}$, $n \in N^*$
e) $a_n = \dfrac{1}{3n-1}$, $n \in N^*$

3 Determine o termo central (termo médio) da seqüência finita definida pela lei:

$\begin{cases} a_1 = 1 \\ a_2 = 1 \\ a_n = a_{n-2} + a_{n-1} \quad \text{para } n \in N \mid 3 \leq n \leq 9. \end{cases}$

4 Determinar o termo central da seqüência definida pela lei:

$a_n = 3 + \dfrac{n}{2}$ para $n \in N \mid 1 \leq n \leq 107$.

✓ **Faça também os Exercícios de Fixação 14 – 15**

5 Seja a seqüência infinita $a_n = 20 - 3n$, $n \in \mathbb{N}^*$. Nessas condições, determine:

a) a_6 e a_5
b) a_k e a_{k+1} ($k \in \mathbb{N}^*$)
c) $a_6 - a_5$
d) $a_{k+1} - a_k$

6 Sendo $a_n = 3 \cdot 5^{4-n}$, $n \in \mathbb{N}^*$, calcule:

a) $\dfrac{a_3}{a_2}$
b) $\dfrac{a_k}{a_{k-1}}$
c) $\dfrac{a_{k-1}}{a_{k+1}}$

(Obs.: $k \in \mathbb{N} \mid k \geq 2$)

7 Represente graficamente, no plano cartesiano, as seguintes seqüências:
(Obs.: n em abscissa e a_n em ordenada)

a) $a_n = 2n - 3$, $n \in \mathbb{N} \mid 1 \leq n \leq 5$

b) $\begin{cases} a_1 = \dfrac{1}{2} \\ a_n = 2 \cdot a_{n-1}, n \in \mathbb{N} \mid 2 \leq n \leq 4 \end{cases}$

8 Escreva uma lei de posição que defina cada uma das seqüências seguintes:

a) (3, 6, 9, 12, 15, 18, ...)
b) (0, 1, 2, 3, 4, 5, ...)
c) (1, 4, 9, 16, 25, 36, ...)
d) (2, 4, 8, 16, 32, 64, ...)
e) (2, 8, 26, 80, 242, ...)
f) $\left(1, \dfrac{1}{3}, \dfrac{1}{5}, \dfrac{1}{7}, \dfrac{1}{9}, \dfrac{1}{11}, ...\right)$
g) $\left(\dfrac{3}{2}, 3, 6, 12, 24, 48, ...\right)$
h) $\left(0, \dfrac{1}{3}, \dfrac{2}{4}, \dfrac{3}{5}, \dfrac{4}{6}, \dfrac{5}{7}, ...\right)$
i) (5, 7, 9, 11, 13, 15, ...)
j) $\left(1, \dfrac{2}{4}, \dfrac{3}{16}, \dfrac{4}{64}, \dfrac{5}{256}, ...\right)$

9 Escreva uma lei de recorrência para cada uma das seqüências seguintes:

a) (3, 10, 17, 24, 31, ...)
b) (4, −1, −6, −11, −16, ...)
c) (−2, 6, −18, 54, −162, ...)
d) $\left(12, -6, 3, -\dfrac{3}{2}, \dfrac{3}{4} ...\right)$
e) (1, 4, 13, 40, 121, ...)
f) (3, 8, 28, 108, 428, ...)
g) (4, 5, 9, 14, 23, 37, 60, ...)
h) (3, 1, −2, −6, −11, −17, ...)

Exercícios de Matemática - vol 3

i) $(-2, -2, 2^2, 2^6, 2^{24}, ...)$ j) $(1, 2, 6, 24, 120, 720, ...)$

✓ Faça também os Exercícios de Fixação 16 → 18

10 Sejam as seqüências f e g respectivamente definidas por $a_n = n^3$, $n \in \mathbb{N} \mid n \geq 1$ e por $b_{n-1} = a_{n+1} - a_{n-1}$, $n \in \mathbb{N} \mid n \geq 2$.
Nessas condições, determine:
a) Os 6 primeiros elementos de f.
b) Os 4 primeiros elementos de g.
c) A lei de posição que calcula b_{n-1} em função de n.

11 Sejam as seqüências f, g e h, assim definidas:

$f = \{a_n \mid a_n = 3n - 10, n \in \mathbb{N}^*\}$
$g = \{b_n \mid b_n = 9 - 2n, n \in \mathbb{N}^*\}$
$h = \{c_n \mid c_n = a_{b_n}, n \in \mathbb{N}^* \text{ e } n \leq 4\}$
Nessas condições determine:
a) Os 7 primeiros termos de f.
b) Os 7 primeiros termos de g.
c) Todos os termos de h.
d) Uma lei de posição que calcule c_n em função de n.

12 Classificar as seguintes seqüências:

a) $(1, 3, 4, 5, 6, 7)$
b) $(-1, -2, -3, ..., -n, ...)$
c) $(2, 4, 6, 8, 8, 9, 10, 10)$
d) $(6, 6, 2, 0, -1)$
e) $\left(-\dfrac{1}{2}, -\dfrac{1}{4}, -\dfrac{1}{8}, ..., -2^{-n}, ...\right)$

13 Em cada caso está sendo dado o termo geral da seqüência (lei de posição). Sabendo que $n \in \mathbb{N}^*$ mostre que:
a) (a_n) é crescente, sendo $a_n = 2n + 1$
b) (b_n) é decrescente, sendo $b_n = \dfrac{n+1}{n}$
c) (x_n) é decrescente, sendo $x_n = \dfrac{1}{n^2}$

✓ Faça também os Exercícios de Fixação 19 → 25

Exercícios de Fixação

14 Escreva os quatro primeiros termos das seqüências infinitas ($n \in \mathbb{N}^*$), definidas por leis de posição, nos casos:
a) $a_n = (-1)^n$
b) $a_n = 2n - 1$
c) $a_n = 2n$
d) $a_n = \dfrac{n-1}{n}$
e) $a_n = 5$

15 Determine o termo central (ou médio) das seqüências nos casos:

a) $\begin{cases} a_1 = 7 \\ a_n = a_{n-1} + 5, \ n \in \mathbb{N} \mid 2 \leq n \leq 13 \end{cases}$

b) $b_n = (-1)^n (2n+1)(n+1), \ n \in \mathbb{N} \mid 1 \leq n \leq 59$

c) $x_n = (n-1)^2, \ n \in \mathbb{N} \mid 1 \leq n \leq 2p+1, \ p \in \mathbb{N}^*$

16 Escreva a fórmula do enésimo termo (lei de posição) de cada uma das seqüências:
a) $(1, 2, 3, 4, 5, ...)$
b) $(5, 10, 15, 20, ...)$
c) $\left(2, \dfrac{3}{2}, \dfrac{4}{3}, \dfrac{5}{4}, ...\right)$
d) $(0, 3, 8, 15, 24, ...)$

17 Escreva a fórmula do termo geral da seqüência de todos os números naturais que:
a) divididos por 5 deixam resto 2
b) divididos por 11 deixam resto 5.

18 Dada a seqüência $(1, 4, 9, 16, ...)$, determine o seu termo geral a_n e o termo geral da seqüência (b_n) definida por $b_n = a_{n+1} - a_n$

19 Uma seqüência é chamada seqüência constante se $a_{n+1} = a_n$ para todo n do seu domínio. Mostre que a seqüência x_n é constante nos casos:
a) $x_n = a_{n+1} - a_n$, onde o termo geral da seqüência (a_n) é $a_n = 2n + 3$
b) $x_n = \dfrac{b_{n+1}}{b_n}$, onde o termo geral da seqüência (b_n) é $b_n = 5 \cdot 7^n$

20 Escreva uma lei de posição que defina as seqüências dadas por leis de recorrência, nos casos:
a) $a_1 = 5$, $a_n = a_{n-1} + 3$, $n \geq 2$
b) $a_1 = 1$, $a_n = 2a_{n-1}$, $n \geq 2$
c) $a_1 = 32$, $a_n = \frac{1}{2}a_{n-1}$, $n \geq 2$
d) $a_1 = 1$, $a_n = \log_2(a_{n-1} + 1)$, $n \geq 2$

21 Determine x e y para que as seqüências f e g sejam iguais nos casos:

a) $f = (y - 1, 3, x^2 - 1)$ e $g = (2, x + 2, 0)$
b) $f = (x + y, x - y, x)$ e $g = (4, 2, y)$

22 Dado um triângulo PA_1B_1 com $A_1B_1 = l$, sejam A_2 e B_2 os pontos médios de PA_1 e PB_1, A_3 e B_3 os pontos médios de PA_2 e PB_2, e assim por diante, considere a seqüência:
$(A_1B_1, A_2B_2, A_3B_3, ...)$. Escreva a fórmula do termo geral desta seqüência.

23 O lado AB de um triângulo PAB mede l e os pontos $P_1, P_2, ..., P_k$, com k inteiro positivo, estão sobre o lado PA, com $PP_1 = P_1P_2 = ... = P_kA$. Pelos pontos $P_1, P_2, ..., P_k$ conduzimos segmentos $P_1Q_1, P_2Q_2, ..., P_kQ_k$, com Q_i sobre o lado PB, todos paralelos a AB. Considere a seqüência $(P_1Q_1, P_2Q_2, P_3Q_3, ..., P_kQ_k)$. Escreva a fórmula do termo geral desta seqüência.

24 Prove que são crescentes as seguintes seqüências:

a) $x_n = \dfrac{3n+2}{n+3}$
b) $x_n = \dfrac{n^2}{n^2+2}$

25 Prove que são decrescentes as seguintes seqüências:

a) $x_n = \dfrac{3n+2}{2n+1}$
b) $x_n = \dfrac{2n}{n^2+1}$

Exercícios Suplementares

26 Estabelecer a fórmula do termo geral (lei de posição) de cada uma das seqüências:

a) $\left(\dfrac{10}{3}, \dfrac{20}{9}, \dfrac{30}{27}, \ldots\right)$

b) $\left(\dfrac{1}{2}, \dfrac{1}{6}, \dfrac{1}{12}, \dfrac{1}{20}, \ldots\right)$

c) $\left(\dfrac{3}{5}, \dfrac{5}{7}, \dfrac{7}{9}, \ldots\right)$

d) $\left(1, -\dfrac{1}{2}, \dfrac{1}{3}, -\dfrac{1}{4}, \ldots\right)$

e) $\left(0, \dfrac{\log 2}{\log 3}, \dfrac{\log 3}{\log 4}, \ldots\right)$

27 Escrever os primeiros 6 termos da seqüência definida por
$a_n = 2n + 1$ se $n = 2p - 1$ e $a_n = 3 - n$ se $n = 2p$, onde p é natural positivo.

28 Estabeleça uma lei que defina a seqüência (1, 1, 1, 4, 1, 9, 1, 16, 1, ...)

29 Escreva os 10 primeiros termos da seqüência de Fibonacci, que é definida por $a_1 = a_2 = 1$ e $a_{n+2} = a_{n+1} + a_n$, $n \geq 1$.

(Fibonacci (1175 – 1250) encontrou esta seqüência ao tratar de um problema sobre os processos hereditários dos coelhos).

30 Ache o termo geral de uma seqüência (a_n) sabendo que o termo geral da seqüência (b_n) definida por

$$b_n = \dfrac{a_{n+1}}{a_n} \quad \text{é} \quad b_n = \dfrac{n}{n+1}$$

31 Ache uma lei que defina a seqüência (0, 1, 1, 0, –1, –1, 0, 1, 1, 0, –1, –1, 0, 1, 1, ...)

32 Dado um triângulo $A_1B_1C_1$ de perímetro K e área S, considere o triângulo $A_nB_nC_n$, com n natural positivo, onde A_n, B_n e C_n são os pontos médios dos lados $A_{n-1}B_{n-1}$, $B_{n-1}C_{n-1}$ e $A_{n-1}C_{n-1}$, respectivamente. Determine a

fórmula do termo geral da seqüência:
a) (k_n), formada pelos perímetros dos triângulos.
b) (S_n), formada pelas áreas dos triângulos.

33 No dia primeiro de janeiro de um determinado ano o preço de uma mercadoria era k e no dia primeiro de cada mês, a partir de primeiro de fevereiro, o preço era remarcado com valor 10% acima do preço anterior. Considere a seqüência formada pelos preços no dia primeiro de cada mês, a partir de janeiro. Dê o termo geral desta seqüência naquele ano.

34 Dizemos que uma seqüência (x_n) é limitada superiormente quando existe um número M | $x_n \leq M$ para todo n do seu domínio. Dizemos que ela é limitada inferiormente quando existe um número m | $x_n \geq m$ para todo n. E dizemos que uma seqüência é limitada quando ela é simultaneamente limitada superiormente e inferiormente. Mostre que as seguintes seqüências são limitadas:

a) $x_n = \dfrac{n+1}{n}$ b) $x_n = \dfrac{1}{n^2}$

c) $x_n = \dfrac{2}{n(n+1)}$ d) $x_n = \dfrac{n}{n+1}$

Capítulo 2

Progressões Aritméticas (PA)

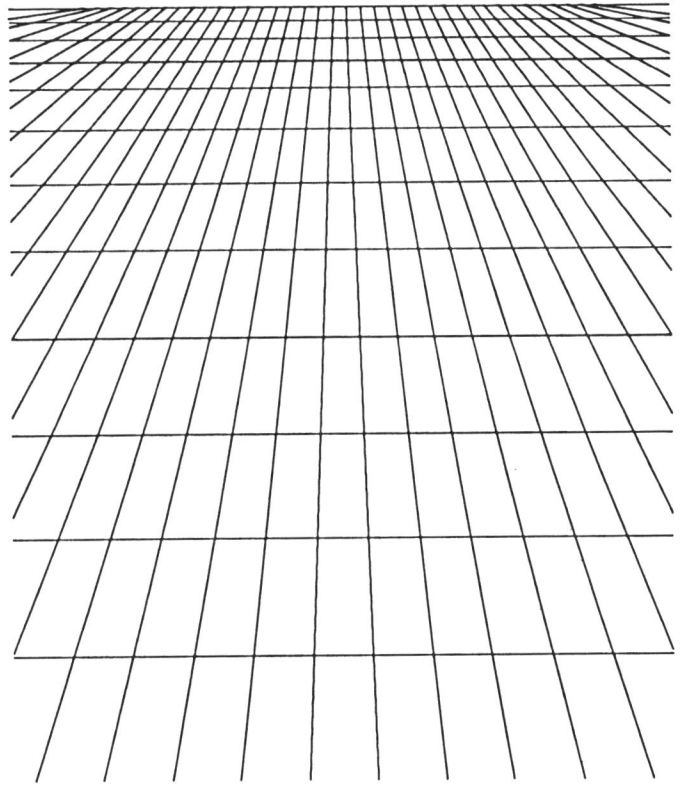

Progressão Aritmética (PA)

Chama-se Progressão Aritmética (PA) a uma sequência (finita ou infinita) em que qualquer termo (a partir do segundo) menos o seu antecessor tem resultado constante: essa constante se chama razão (r) da PA

Exemplos:

a) $P.A.= (7, 10, 13, 16, 19, 22, \ldots)$
$a_2 - a_1 = a_3 - a_2 = a_4 - a_3 = \ldots = 3 = r =$ razão da PA

b) $P.A.= (13, 8, 3, -2, -7, -12, \ldots)$
$a_2 - a_1 = a_3 - a_2 = a_4 - a_3 = \ldots = -5 = r$

c) $P.A.= (-4, -4, -4, -4, \ldots)$
$a_2 - a_1 = a_3 - a_2 = \ldots = 0 = r$

A – Definição

Progressão Aritmética (PA) é toda seqüência definida pela seguinte lei da recorrência: $\begin{cases} a_1 = a \\ a_n = a_{n-1} + r, n \in \mathbb{N} | n \geq 2 \end{cases}$

onde α e r são constantes reais dadas e que determinam a PA

Observação: em estudo posterior é possível definir PA no conjunto C dos números complexos.

Nos três exemplos anteriores, temos:

a) $\begin{cases} a_1 = 7 = \text{primeiro termo da PA} \\ r = 3 = \text{razão da PA} \end{cases}$ b) $\begin{cases} a_1 = 13 \\ r = -5 \end{cases}$ c) $\begin{cases} a_1 = -4 \\ r = 0 \end{cases}$

ou seja, uma PA fica definida quando são dados o seu primeiro termo a_1 e sua razão (r).

De modo geral, numa PA definida pelas constantes reais a_1 e r, temos:

$$PA = \left(a_1, \underbrace{a_1 + r}_{a_2}, \underbrace{a_1 + 2r}_{a_3}, \underbrace{a_1 + 3r}_{a_4}, \underbrace{a_1 + 4r}_{a_5}, \ldots \right)$$

B – Classificação da PA

B.1 – PA crescente $\Leftrightarrow$ r>0

Uma PA é crescente quando $a_{n+1} > a_n$, $\forall n \in A$ (domínio da seqüência).

Assim sendo, temos:
P.A crescente $\Leftrightarrow a_{n+1} > a_n \Leftrightarrow a_{n+1} - a_n > 0 \Leftrightarrow r > 0$
Exemplo: PA= (1,6,11,16,21,...), r=5

B.2 – PA decrescente $\Leftrightarrow r < 0$

Uma PA é decrescente quando $a_{n+1} < a_n$, $\forall n \in A$. Assim sendo, temos:
PA decrescente $\Leftrightarrow a_{n+1} < a_n \Leftrightarrow a_{n+1} - a_n < 0 \Leftrightarrow r < 0$
Exemplo: PA= (22, 18, 14, 10, 6, 2, –2, –6,...), r = –4

B.3 – PA constante $\Leftrightarrow r = 0$

Uma PA é constante quando $a_{n+1} = a_n$, $\forall n \in A$. Portanto:
P.A constante $\Leftrightarrow a_{n+1} = a_n \Leftrightarrow a_{n+1} - a_n = 0 \Leftrightarrow r = 0$
Exemplo: PA = (3, 3, 3, 3,...), r = 0

Exercícios

35 Dada a PA=(1,9,17,25,33,41), determine:

a) a razão dessa PA (r).
b) o seu número de termos (n).
c) a média aritmética de a_1 e a_3.
d) a média aritmética de a_4 e a_6.

(Lembre–se: $c = \dfrac{a+b}{2}$ é a média aritmética dos números a e b)

36 Dada a PA= (21,8,–5,–18,–31,–44,–57), determine:

a) a razão
b) o número de termos.
c) $a_1 + a_7$
d) $a_2 + a_6$
e) $a_3 + a_5$
f) $2a_4$

37 Escrever os 6 primeiros termos da PA infinita nos casos:

a) $a_1 = 5, r = 7$
b) $a_1 = -18, r = 6$
c) $a_1 = 10, r = -5$
d) $a_1 = \dfrac{1}{2}, r = \dfrac{1}{2}$
e) $a_4 = 11, r = 4$
f) $a_5 = 17, a_8 = 35$
g) $a_1 = 4a - 8, a_5 = 0$
h) $a_1 = \dfrac{a+3b}{b-a}, a_6 = \dfrac{4a+2b}{a-b}$

38 Dada a PA= $\left(\dfrac{1}{4}, \dfrac{5}{12}, \dfrac{7}{12}, \dfrac{3}{4}, \dfrac{11}{12}, \dfrac{13}{12}, \dfrac{5}{4},....\right)$, determine:

a) a razão
b) $\dfrac{a_3 + a_5}{2}$
c) $\dfrac{a_2 + a_6}{2}$
d) $\dfrac{a_1 + a_7}{2}$

39 Em cada uma das progressões aritméticas seguintes, diga qual é a razão e, a seguir, se ela é crescente, decrescente ou constante:

a) $PA = \left(\dfrac{17}{10}, \dfrac{29}{20}, \dfrac{6}{5}, \ldots\right)$ b) $PA = (3 - 2\sqrt{2}, 2 - \sqrt{2}, \ldots)$

c) $PA = (\sqrt{10} - 1, 2, \ldots)$ d) $PA = \left(\dfrac{1}{2 + \sqrt{3}}, 2 - \sqrt{3}, \ldots\right)$

e) $PA = (7 - 4\pi, 4 - 3\pi, 1 - 2\pi, \ldots)$

40 Como sabemos, a PA definida por a_1 e r reais pode ser escrita

$PA = (a_1, a_1 + r, a_1 + 2r, \ldots)$, ou seja, $a_2 = a_1 + 1r$

$$a_3 = a_1 + 2r$$
$$a_4 = a_1 + 3r$$
$$a_5 = a_1 + 4r$$
$$a_6 = a_1 + 5r, \text{etc}\ldots$$

Assim sendo, determine o valor do termo geral a_n em função de a_1, r e n.

✓ Faça também os Exercícios de Fixação 95 → 97

C – Fórmula do Termo Geral da PA

Na PA com primeiro termo a_1 e razão r, temos:

$$PA = (a_1, a_2, a_3, a_4, \ldots, a_n, \ldots)$$

O termo geral a_n (enésimo termo da PA) é dado pela expressão:

$$\boxed{a_n = a_1 + (n - 1) \cdot r} \quad (n \in \mathbb{N}^*) \text{ onde:}$$

a_1 = primeiro termo
r = razão
n = posição de a_n na PA (índice de a_n)
a_n = valor do enésimo termo da PA

Demonstração por indução finita

Tese: $a_n = a_1 + (n - 1) \cdot r, \forall n \in \mathbb{N}^*$

(1ª parte) Verificação para n = 1

1º membro = a_1
2º membro = $a_1 + (1-1).r = a_1$
$\Rightarrow$ 1º membro = 2º membro

(2ª parte) Hipótese de indução (n=p)
$a_p = a_1 + (p-1).r$
Tese de indução (n=p+1)
$a_{p+1} = a_1 + p.r$
Demonstração da 2ª parte
1º membro da tese = $a_{p+1} = a_p + r$
$= a_1 + (p-1).r + r = a_1 + pr - r + r =$
$= a_1 + pr = $ 2º membro da tese

c.q.d.

D – Propriedades da PA

D.1 – Numa PA finita com n termos, a soma de dois termos quaisquer equidistantes dos extremos é constante e sempre igual a $a_1 + a_n$ (ver exerc.36).
Assim sendo. na PA finita
$(a_1, a_2, a_3, ..., a_k, ... a_{n-k+1}, ..., a_{n-2}, a_{n-1}, a_n)$
temos:

$$a_1 + a_n = a_2 + a_{n-1} = a_3 + a_{n-2} = ... = a_k + a_{n-k+1}$$

(pares de termos equidistantes dos extremos)

Demonstração

De fato, a_k e a_{n-k+1} são dois termos quaisquer equidistantes dos extremos, então, usando a fórmula do termo geral da PA, temos:

$$\begin{cases} a_k = a_1 + (k-1).r \\ a_{n-k+1} = a_1 + [(n-k+1)-1].r = a_1 + (n-k).r \end{cases}$$

e, portanto, $a_k + a_{n-k+1} = a_1 + (k-1).r + a_1 + (n-k).r =$
$= 2a_1 + [(k-1) + (n-k)].r = 2a_1 + (n-1).r =$
$a_1 + \underbrace{a_1 + (n-1).r}_{a_n} = a_1 + a_n$, o que demonstra esta propriedade.

Observação:
Numa sequência finita com n elementos, dois termos e equidistantes dos extremos a_p e a_q são tais que $p+q = n+1$ e, portanto, os termos a_k e a_{n-k+1} são equidistantes dos extremos. Vejamos:

$$(\underbrace{a_1, a_2, a_3, \ldots, a_{p-1}, a_p}_{p \text{ termos}}, \ldots, a_{q-1}, \underbrace{a_q, \ldots, a_n}_{n-(q-1) \text{ termos}})$$

Se a_p e a_q são equidistantes dos extremos então:
$p = n - (q-1) \Rightarrow p = n - q + 1 \Rightarrow p + q = n + 1$

D.2 - Tomando-se quaisquer 3 termos consecutivos de uma PA (finita ou infinita), o termo do meio é a média aritmética dos outros dois. (ver exerc.35)
Em símbolos, temos:
PA = $(a_1, a_2, a_3, a_4, a_5, \ldots, a_{n-1}, a_n, a_{n+1}, \ldots)$

$$a_n = \frac{a_{n-1} + a_{n+1}}{2}, \quad n \geq 2$$

Demonstração

Por definição, sabemos que

$$\left.\begin{array}{l} a_n - a_{n-1} = r \\ a_{n+1} - a_n = r \end{array}\right\} \Rightarrow a_n - a_{n-1} = a_{n+1} - a_n \Rightarrow 2a_n = a_{n-1} + a_{n+1} \Rightarrow$$

$$\Rightarrow a_n = \frac{a_{n-1} + a_{n+1}}{2}$$ e, desta maneira, está demonstrada a propriedade.

Observação: Essa propriedade pode, de modo mais amplo, ser escrita do seguinte modo:
PA = $(a_1, a_2, a_3, \ldots, a_{n-k}, \ldots, a_n, \ldots, a_{n+k}, \ldots)$

$$a_n = \frac{a_{n-k} + a_{n+k}}{2}$$ onde a_{n-k} e a_{n+k} são dois termos quaisquer da PA equidistantes de a_n (ver exerc.38).

D.3 - Dada a PA = $(a_1, a_2, a_3, \ldots, a_p, \ldots, a_q, \ldots)$, onde a_p e a_q são dois termos quaisquer, é válida a seguinte propriedade: $\boxed{a_q = a_p + (q-p).r}$.

Note bem: Esta propriedade é válida qualquer que seja a posição relativa de a_p e a_q, isto é, podem ocorrer as seguintes situações: $q > p$, $q < p$ ou até $q = p$.

Note, também, que a fórmula do termo geral da PA $a_q = a_p + (q-p).r$ pode ser considerada um caso particular desta propriedade.

Demonstração:

Subtraindo membro a membro as igualdades

$$\begin{array}{l} a_q = a_1 + (q-1).r \\ a_p = a_1 + (p-1).r \\ \hline a_q - a_p = [(q-1)-(p-1)].r \end{array}$$

e, portanto, $a_q = a_p + (q-p).r$ c.q.d.

E – Interpolação Aritmética

Dados dois números reais α e β, nesta ordem, interpolar (ou inserir) m meios aritméticos entre α e β significa escrever a PA finita em que:
$a_1 = \alpha$ (primeiro termo)
$a_n = \beta$ (último termo)
n = m + 2 (número de termos), ou seja:

$$PA = \left(\alpha, \underbrace{a_2, a_3, \ldots, a_{n-1}}_{m \text{ termos}}, \beta \right)$$

Observação: Obviamente, para obter tal PA, basta determinar o valor da sua razão (r).

F – Soma dos *n* primeiros termos da PA

Dada a PA
$(a_1, a_2, a_3, \ldots, a_n, \ldots)$
vamos, neste item, deduzir uma fórmula que nos permita calcular a soma
$S_n = a_1 + a_2 + a_3 + \ldots + a_n$
Assim, somando membro a membro as igualdades
$S_n = a_1 + a_2 + a_3 + \ldots + a_{n-2} + a_{n-1} + a_n$
$S_n = a_n + a_{n-1} + a_{n-2} \ldots + a_3 + a_2 + a_1$

(I) $2S_n = (a_1 + a_n) + (a_2 + a_{n-1}) + (a_3 + a_{n-2}) + \ldots + (a_{n-2} + a_3) + (a_{n-1} + a_2) + (a_n + a_1)$

Mas, pela propriedade (D.1) sabemos que
$a_1 + a_n = a_2 + a_{n-1} = a_3 + a_{n-2} = \ldots = a_k + a_{n-k+1}$ e, substituindo na expressão (I),
temos: $2S_n = (a_1 + a_n) + (a_1 + a_n) + \ldots + (a_1 + a_n)$

e, portanto, $2S_n = n(a_1 + a_n)$ e, finalmente $\boxed{S_n = \dfrac{n(a_1 + a_n)}{2}}$

que é a fórmula da soma dos n primeiros termos da PA.
Observação: Por convenção, quando n=1 adotaremos $S_1 = a_1$. Assim sendo, teremos: $S_1 = a_1, S_2 = a_1 + a_2, S_3 = a_1 + a_2 + a_3, S_4 = a_1 + a_2 + a_3 + a_4$ e assim por diante.

Demonstração por indução finita

Tese: $S_n = \dfrac{n(a_1 + a_n)}{2}, \forall n \in \mathbb{N}^*$

(1ª parte) Verificação para n=1
1º membro= $S_1 = a_1$ (por convenção)

2º membro= $\dfrac{1.(a_1 + a_1)}{2} = \dfrac{2a_1}{2} = a_1$

$\Rightarrow$ 1º membro = 2º membro
(2ª parte) Hipótese de indução (n=p)

$S_p = \dfrac{p.(a_1 + a_p)}{2} = a_1 + a_2 + a_3 + \ldots + a_p$

Tese de indução (n=p+1)

$S_{p+1} = \dfrac{(p+1).(a_1 + a_{p+1})}{2}$

Demonstração da 2ª parte
1º membro da tese = $S_{p+1} = a_1 + a_2 + a_3 + \ldots + a_p + a_{p+1} =$

$= \dfrac{p(a_1 + a_p)}{2} + a_{p+1} = \dfrac{p(a_1 + a_p) + 2(a_p + r)}{2} =$

$\dfrac{p.a_1 + p.a_p + a_p + a_p + 2r}{2} = \dfrac{p.a_1 + p.a_p + a_p + a_1 + (p-1).r + 2r}{2} =$

$\dfrac{p.a_1 + a_1 + p.a_p + a_p + (p-1).r + 2r}{2} = \dfrac{a_1(p+1) + a_p(p+1) + r.(p+1)}{2} =$

$\dfrac{(p+1)(a_1 + a_p + r)}{2} = \dfrac{(p+1)(a_1 + a_{p+1})}{2} = $ 2º membro da tese   c.q.d.

Exercícios

41 Usando a fórmula do termo geral da PA, calcule o 12º termo da PA=(−25,−18,...).

42 Usando a fórmula do termo geral da PA, calcule o número de termos de uma PA finita em que o primeiro termo é $-\dfrac{17}{6}$, o último é $-\dfrac{19}{6}$ e a razão é $-\dfrac{3}{4}$.

43 Determine o primeiro termo da PA em que $a_{18} = -53$ e a razão $r = -3$.

44 Determine a razão da $PA = \left(\dfrac{3}{10}, ..., \dfrac{9}{2}\right)$ sabendo que ela tem 22 termos.

45 Determinar o número de múltiplos de

a) 5 que estão entre 129 e 338
b) 7 que estão entre 401 e 1775
c) 21 que estão entre 432 e 2582

46 Verifique se o número 1189 é termo da PA nos casos:

a) (–5,1,7,...)   b) (–6,–2,...)   c)   (1734, 1729,...)

47 Resolver

a) Sendo 11a – 20b o primeiro termo de uma PA de razão 2b – a, determine o décimo primeiro termo.

b) O vigésimo termo de uma PA é $\dfrac{21a+18b}{a-2b}$ e a razão é $\dfrac{a+b}{a-2b}$. Determine o primeiro termo

c) O primeiro e o vigésimo quinto termos de uma PA são, respectivamente, $\dfrac{a-b}{a+b}$ e $\dfrac{a+b}{a-b}$. Determine a razão.

d) O primeiro e o último termos de uma PA de razão $\dfrac{b-a}{20(a+b)}$ são, respectivamente, $\dfrac{a-b}{a+b}$ e 0. Quantos termos tem essa PA?

> ✓ Faça também os Exercícios de Fixação 98 → 109

48 Determine a soma dos 15 primeiros termos da PA que tem $a_1 = -35$ e $a_{15} = 21$.

49 Calcule a soma dos 17 primeiros termos da PA=(12,17,...)

50 Determine a soma dos termos da PA finita de razão r = –2 sabendo que seu último termo é $a_{22} = -13$.

51 Determine a soma dos termos da PA finita (–1,–7,...,–61)

52 Determine o primeiro e o último termos de uma PA finita com 14 termos, sabendo que $S_{14} = -476$ e $r = -8$.

53 Calcule o número de termos e o valor do último termo da PA finita $(-21, -18, ..., a_n)$, sabendo que a soma de seus termos é $S_n = -75$.

✓ Faça também os Exercícios de Fixação 110 → 117

54 Numa PA finita, o último termo é -13, a razão é -4 e a soma dos seus termos é 8. Nessas condições, determine o primeiro termo e o número de termos dessa PA

55 Em cada um dos casos seguintes, determinar a razão da PA, sabendo-se que:

a) a PA é finita, $a_1 = 18$, o último termo é $a_n = -12$ e a soma dos termos é $S_n = 93$
b) $a_1 = \frac{1}{4}$ e $S_{19} = \frac{475}{4}$
c) a PA tem 27 termos, seu último termo é 3 e a soma dos termos é 81.

56 Determinar a soma dos múltiplos de:

a) 8 que estão entre 94 e 1580.
b) 13 que estão entre -457 e 816.

57 Determinar o maior número possível de múltiplos de 12, distintos entre si e maiores que 211, de modo que sua soma seja 11700.

✓ Faça também os Exercícios de Fixação 118 → 130

58 Determine a razão da PA em que $a_3 = -33$ e $a_9 = 39$.

59 Determine o 22º termo da PA em que $a_4 = 5$ e $r = -\frac{5}{6}$.

60 Sabendo que, numa PA, a razão é $r = \frac{1}{3}$ e $a_{26} = 7$, determinar o quinto termo.

61 Sabe-se que, numa PA infinita,
$\begin{cases} a_3 - a_5 + a_6 = -5 \\ a_{12} + a_6 = 10 \end{cases}$. Nessas condições, determine a PA

62 Escrever a P.A em que $a_5 = 16$ e $a_{15} - a_7 = -4$

63 Determine a razão de uma PA em que $a_{11} - a_8 = 3 - 3\sqrt{2}$ e diga se ela é crescente, decrescente ou constante.

64 Determine o valor de x na PA=(x–2, 3x–1, 18–x) e, a seguir, escreva a PA

65 a) Calcule x de modo que os números $3(x-a)+1$, $x-a$ e $a+2x-7$ estejam em PA, sabendo que $\underline{a}$ é um número real dado.
b) Determine a razão dessa PA

66 Em cada caso, determine o 8º termo da PA, sabendo que:

a) $a_7 = -0{,}85$ e $a_9 = 0{,}25$
b) $a_3 + a_{13} = 28$
c) $a_1 = -\dfrac{1}{2}$ e $a_{15} = -\dfrac{2}{3}$

67 Determine a soma dos termos de uma PA de 15 termos sabendo que a soma dos extremos dessa PA é 6.

68 Numa PA com 37 termos, sabe-se que $a_8 + a_{30} = 20$. Determine a soma dos termos dessa PA. (Sugestão: utilize a propriedade D-1 da PA)

69 A soma dos n primeiros termos de uma PA é dada pela expressão
$$S_n = \frac{7n^2 + 13n}{2} \quad n \in \mathbb{N}^*. \text{ Escreva tal PA}$$

70 Determine a PA em que a soma de seus $\underline{n}$ primeiros termos é dada por
$$S_n = \frac{13n - 4n^2}{10}, n \in \mathbb{N}^*.$$

71 Determine três números em PA sabendo que a sua soma é igual a 3 e a soma dos seus quadrados é igual a 35.

72 Determine uma PA de 5 termos sabendo que a soma dos seus termos vale 10 e que $a_2 \cdot a_5 = -36$.

73 Em cada caso, determine quatro números em PA cuja soma é 4, sabendo que:
a) $a_2 \cdot a_4 - a_1 \cdot a_3 = 12$ b) o produto deles é 640   c) $a_1 \cdot a_3 = -32$

74 Determine uma PA de 6 termos sabendo que $a_3 \cdot a_4 - a_2 \cdot a_5 = 128$ e que a soma dos seus termos é igual a 66.

75 a) Interpolar (inserir) 6 meios aritméticos entre 4 e 53.
b) Interpolar 3 meios aritméticos entre 35 e –13

76 Quantos meios aritméticos devemos inserir entre 4 e 19 de modo que resulte numa PA de razão $r = \dfrac{3}{4}$?

77 Em cada caso, quantos meios aritméticos devemos inserir entre 100 e 25 de modo que resulte numa PA com razão:
a) $r = -3$?   b) $r = 15$?   c) $r = -4$?

78 Interpolando m meios aritméticos entre dois números reais α e β, qual é a razão da PA obtida?

79 Determine a fórmula do termo geral (lei de posição) das seguintes progressões aritméticas:
a) (7,11,...)   b) (a–2, 2a–5,...)

80 Determinar a expressão da soma dos n primeiros termos da PA nos casos:
a) (5,8,...)   b) (x+1, 2x–1,...)

81 Resolver as equações:
a) x–1+x+3+x+7+...+x+39=528
b) 2x+20+5x+15+...+35x–35+38x=3290

82 Determinar o número natural n, o maior possível, para o qual a soma dos n primeiros termos da PA(–30,–23,...) seja menor que 1200.

83 Determinar o número de termos da PA nos casos:

a) o primeiro termo é – 4, o último é 128 e a razão é igual ao número de termos.
b) o primeiro, a razão e o número de termos são iguais e o último termo é 225.

84 Mostre que cada uma das sequências abaixo, dada pelo termo geral, é uma PA
a) $a_n = 7n - 5$ b) $a_n = an + b$, onde a e b são constantes reais dadas.

85 Determine a expressão da soma dos n primeiros múltiplos positivos de
a) 3   b) 5

86 A base menor, a altura e a base maior de um trapézio retângulo formam nesta ordem uma PA de razão 2. Sendo 5m a medida do lado oblíquo às bases, determine a área deste trapézio.

87 A área de um triângulo, cujos lados estão em PA de razão 2, é $15\sqrt{7}m^2$. Determine os lados deste triângulo.

88 Os lados de um triângulo de perímetro 36m estão em PA Se um dos ângulos deste triângulo mede 60°, determine o raio da circunferência circunscrita a esse triângulo.

89 Um corpo em queda livre percorre, durante o primeiro segundo de queda, 4,9m e durante cada próximo segundo, 9,8m mais que no segundo precedente. Determine:
a) o espaço percorrido pelo corpo durante o décimo primeiro segundo;
b) o espaço percorrido pelo corpo durante os 11 primeiros segundos
c) o tempo que ele gasta para percorrer, desde o início da queda, 4410m.

90 A divisão do décimo termo de uma PA pelo segundo termo resulta 6. E a divisão do oitavo pelo quarto resulta 2 para o quociente e 2 para o resto. Ache a soma dos primeiros 14 termos dessa PA.

91 De uma PA sabemos que $a_1 + a_5 = 26$ e $a_2 \cdot a_4 = 160$. Ache a soma dos 6 primeiros termos desta progressão.

92 Dada uma sequência onde para qualquer n a soma dos n primeiros termos é dada por $S_n = n^2 - 5n$, mostre que esta seqüência é uma PA.

93 Se a seqüência ($\log 2$, $\log(2^x - 1)$, $\log(2^x + 3)$) é uma P.A. Determine x.

94 Prove que se (a^2, b^2, c^2) é uma P.A., então $\left(\dfrac{1}{b+c}, \dfrac{1}{a+c}, \dfrac{1}{a+b}\right)$ também é P.A. e reciprocamente.

Exercícios de Fixação

95 Determine x e depois escreva a PA nos casos:
a) $PA = (7 - x, 2x+3, x^2+5)$
b) $PA = (x^2+5, 2x+3, 7 - x)$

96 Determinar a razão e classificar a PA nos casos:

a) $(9,13,17,...)$ b) $\left(\dfrac{2}{3}, \dfrac{5}{4}, ...\right)$ c) $\left(\dfrac{4}{3}, \dfrac{5}{4}, ...\right)$ d) $(x^2+2, x^2+x,...)$

97 Escrever os 5 primeiros termos da PA nos casos:

a) $a_1 = -5, r = 7$ b) $a_1 = 9, r = -3$
c) $a_3 = \dfrac{3}{2}, r = -\dfrac{1}{2}$ d) $a_7 = 6, a_4 = 24$

98 Em cada caso temos uma PA, sendo:
a) $a_1 = 15$ e $r = 8$, determine a_{30}
b) $a_4 = -8$ e $a_{11} = 27$, determine r
c) $a_{15} = 45$ e $r = -6$, determine a_1
d) $a_7 = 13$ e $a_{15} = -19$, determine a_{25}
e) $a_{15} = \dfrac{1}{2}$ e $a_{21} = \dfrac{2}{3}$, determine a_3
f) $a_p = 20$, $a_q = 130$ e $r = 11$, determine $q - p$

99 Dados as progressões aritméticas, dizer que termo (posição) é o número 197 nos casos:
a) $(1,5,9,13,...)$
b) $(-64, -55,...)$
c) $(11,23,...)$
d) $(937 - 40a, 900 - 38a,...)$

100 Dizer se as seqüências (a_n) e (b_n) têm termo comum, na mesma posição, nos casos:

a) $a_n = 2n + 10$ e $b_n = 3n - 6$ b) $a_n = 3n - 2$ e $b_n = 6n - 16$

101 Determine a razão da PA nos casos:

a) $a_{13} = -7$ e $a_{30} = \dfrac{3}{2}$ b) $a_p = -13$ e $a_{p+7} = 64$
c) $a_3 + a_8 = 28$ e $a_4 + a_{10} = 10$ d) $a_p = p$ e $a_q = q, p \neq q$
e) $a_p = q$ e $a_q = p, p \neq q$

102 Mostre que em uma PA:

a) Se $p + q = k + m$, com p, q, k e m naturais positivos, então $a_p + a_q = a_k + a_m$
b) Se $p + q = j + k + m$ e $a_p + a_q = a_j + a_k + a_m$, então $a_1 = r$

103 Determine o número de termos da PA nos casos:

a) $(-17, 1, ..., 325)$ b) $\left(\dfrac{2}{3}, \dfrac{1}{2}, ..., \dfrac{-16}{3}\right)$

104 Determine o número de múltiplos de

a) 8 que estão entre 500 e 1261
b) 17 que estão entre 350 e 1670
c) 3, pares, que estão entre 143 e 2545
d) 11, não primos, que estão entre -190 e 520

105 Determine quantos são os múltiplos de

a) 3 e 5 que estão entre 160 e 1370
b) 4 e 6 que estão entre 450 e 1390
c) 3 ou 5 que estão entre 221 e 1087
d) 6 ou 8 que estão entre 125 e 1039
e) 7, mas não de 3, que estão entre 229 e 2453
f) 12, mas não de 18, que estão entre 1000 e 4000

106 Interpolar (ou inserir)

a) 6 meios aritméticos entre 30 e 79
b) 4 meios aritméticos entre $\frac{2}{3}$ e $\frac{3}{4}$
c) 5 meios aritméticos entre $5a - 7$ e $23a+23$

107 Determine o número de termos da PA em que são equidistantes dos extremos os termos:

a) a_{11} e a_{30}
b) a_{15} e a_{17}
c) a_p e a_q

108 Em uma PA infinita com $a_7+a_{21}=k$, determine

a) a_5+a_{23}
b) a_1+a_{27}
c) a_{14}

109 Dê um exemplo de uma seqüência em que a soma de dois termos eqüidistantes dos extremos é igual a soma dos extremos, mas a seqüência não é uma PA.

110 Determine a soma dos termos da PA, finita, nos casos:

a) $a_1 = 1$, $a_n = 23$ e $n = 200$
b) a_7 e a_{20} são equidistantes dos extremos e $a_7 + a_{20}=40$
c) $a_{21}= 30$ é termo central
d) $a_{17} = a_{18} = 40$ e a_{17} e a_{18} são termos centrais
e) $PA = (7,13,19,...,a_{30})$
f) $PA = (6,13,20,...,279)$

111 Em cada caso temos uma PA. Dados:

a) $a_1 = \frac{2}{5}$ e $a_{20} = \frac{3}{2}$, determine S_{20}
b) $a_1 = -20$ e $r = 9$, determine S_{25}
c) $a_1 = 31$ e $a_7 = 73$, determine S_{40}
d) $a_7 = 200$ e $a_{20}= -21$, determine S_{30}
e) $a_{21} = 195$, determine S_{41}

112 Em cada caso temos uma PA. Dados:

a) $a_1 = -3$ e $S_{25} = 1125$, determine r
b) $S_{20} = 1230$ e $r = 11$, determine a_1
c) $a_1= 13$, $r = 7$ e $S_n = 3888$, determine n

113 Determinar a soma dos

a) 100 primeiros números inteiros positivos
b) 80 primeiros números pares positivos
c) 70 primeiros números ímpares positivos
d) n primeiros números inteiros positivos
e) n primeiros números pares positivos
f) n primeiros números ímpares positivos

114 Determinar a soma dos múltiplos positivos

a) de 7, que têm dois algarismos. b) de 29, que têm três algarismos.
c) de 15 e 9, que são menores que 1000 d) de 9 ou 12, que são menores que 500
e) de 16, mas não de 12, que são menores que 250

115 Determinar quantos termos devemos tomar de cada PA abaixo para que a soma seja a indicada em cada item.

a) $(11,17,23,...)$, $S_n=795$ b) $\left(\dfrac{2}{3},\dfrac{1}{2},...\right)$, $S_n=-3$ c) $(3,7,11,...)$, $S_n=750$

116 Determine o primeiro termo e a razão da PA nos casos:

a) $\begin{cases} S_7 = 70 \\ S_{15} = 330 \end{cases}$ b) $\begin{cases} a_{10} + a_{18} = 64 \\ S_8 + S_{20} = 312 \end{cases}$

117 Resolver:

a) Quantos termos da progressão aritmética $(5,9,13,17,...)$ devemos tomar para que a soma seja 10877?
b) Ache a soma de todos os números naturais de 2 algarismos.

118 Resolver:

a) Ache uma progressão aritmética cujos termos são números inteiros onde a soma dos 4 primeiros termos é 26 e o produto é 880
b) Em uma progressão aritmética de n termos temos $a_p = q$ e $a_q = p$. Determine a_n
c) Quantos termos devemos tomar da PA $\left(\dfrac{a-b}{3}, \dfrac{a+b}{2}, ...\right)$ para que a sua soma seja $\dfrac{65a+205b}{6}$?
d) Resolver a equação
$1-10x+4-8x+...+58+28x=950$

119 Ache 4 números ímpares consecutivos sabendo que a soma dos seus quadrados excede em 48 a soma dos quadrados dos números pares que estão entre eles.

120 Uma PA tem 20 termos. A soma dos termos de índices pares é 250 e a dos outros é 220. Ache os dois termos médios desta progressão.

121 Determinar uma PA na qual a soma dos n primeiros termos, qualquer que seja n, é igual a 3 vezes o quadrado desse número de termos

122 Resolver:

a) Ache a soma de todos os números naturais de dois algarismos que quando divididos por 4 deixam resto 1
b) Determinar uma progressão aritmética cujo primeiro termo é 1 e a soma dos 5 primeiros é igual a $\frac{1}{4}$ da soma dos próximos 5 termos.

123 Resolver:

a) Os ângulos de um triângulo formam uma PA. Mostre que um dos ângulos mede 60°
b) Os ângulos internos de um pentágono convexo estão em PA e o ângulo maior excede o menor em 20°. Determine os ângulos deste pentágono.
c) Os ângulos internos de um pentadecágono convexo formam uma PA e a diferença entre o maior e o menor é 14°. Determine os ângulos deste pentadecágono.
d) Um polígono convexo, cujos ângulos internos estão em PA, tem um ângulo de 140°, qualquer que seja a razão desta PA. Qual é esse polígono?

124 Resolver:

a) Os ângulos de um triângulo retângulo estão em PA. Determine os ângulos desse triângulo.
b) Os lados de um triângulo retângulo estão em PA de razão k. Determine o raio da circunferência inscrita neste triângulo.

125 Mostre que se os lados de um triângulo estão em PA e os ângulos também estão em PA, então esse triângulo é equilátero.

126 Prove que se a,b e c são respectivamente o p – ésimo, q – ésimo e r – ésimo termos de uma PA, então (q–r)a+(r–p)b+(p–q)c=0.

127 Lembrando que Sn é a soma dos n primeiros termos de uma sequência, se de uma PA sabemos que $S_p=q$ e $S_q=p$, determine S_{p+q}.

128 Se em uma progressão aritmética Sp=Sq, com p ≠ q, mostre que $S_{p+q}=0$.

129 Se em uma progressão aritmética $\dfrac{S_m}{S_n} = \dfrac{m^2}{n^2}$, prove que $\dfrac{a_m}{a_n} = \dfrac{2m-1}{2n-1}$.

130 Se os números x,y e z positivos e diferentes de 1 são tais que (3, 3$\log_y x$, 3$\log_z y$, 7$\log_x z$) é uma PA, prove que $x^{18} = y^{21} = z^{28}$.

Exercícios Suplementares

131 A soma dos números pares naturais, de dois algarismos é divisível por um desses números, Ache esse divisor se a soma dos seus dígitos é 9 e se o quociente difere do divisor apenas pela sequência dos dígitos.

132 Um alpinista ao escalar uma montanha sobe 800m na primeira hora e em cada hora seguinte ele ascende 20m menos que na hora anterior. Quantas horas ele levaria para alcançar uma altitude de 5840m?

133 A divisão do nono pelo segundo termo, de uma PA, dá 5 e a divisão do décimo terceiro pelo sexto dá 2 para quociente e 5 para resto. Ache a soma dos 20 primeiros termos.

134 Ache um número de 4 algarismos que é divisível por 225 se os 3 primeiros dígitos formam uma PA

135 Ache o número n de termos de uma PA sabendo que a razão entre a soma dos 13 primeiros e a soma dos 13 últimos é $\dfrac{1}{2}$ e que a razão entre a soma dos n – 3 últimos e a soma dos n–3 primeiros é $\dfrac{4}{3}$.

136 Ache um número de 3 algarismos, divisível por 45, cujos dígitos formam uma PA.

137 Ache o termo geral da seqüência (2,4,7,11,...) cuja propriedade é que as diferenças entre sucessivos termos constituem uma PA.

138 Quando trabalhando juntos, n camponeses podem fazer a colheita completa de um campo em 24 horas. Mas de acordo com o cronograma da fazenda, eles iniciam o trabalho sucessivamente: apenas 1 camponês na 1ª hora, 2 na 2ª hora, 3 na 3ª e assim por diante até que todos continuem trabalhando durante um certo número de horas até que a colheita seja feita completamente. O tempo gasto na colheita poderia ser reduzido em 6 horas se todos os camponeses, com excessão de 5 deles, trabalhassem conjuntamente desde a primeira hora da colheita. Determine n.

139 As somas dos n_1 primeiros termos, dos n_2 primeiros e dos n_3 primeiros termos de uma PA são respectivamente S_1, S_2 e S_3. Mostre que

$$\frac{S_1}{n_1}(n_2 - n_3) + \frac{S_2}{n_2}(n_3 - n_1) + \frac{S_3}{n_3}(n_1 - n_2) = 0$$

140 Demonstrar que se os números positivos a, b e c formam, nesta ordem, uma PA, então os números $\frac{1}{\sqrt{b}+\sqrt{c}}, \frac{1}{\sqrt{a}+\sqrt{c}}$ e $\frac{1}{\sqrt{a}+\sqrt{b}}$ também formam, nesta ordem, uma PA.

141 Os números positivos $a_1, a_2, a_3, ..., a_n$ formam uma progressão aritmética. Demonstrar que $\frac{1}{\sqrt{a_1}+\sqrt{a_2}} + \frac{1}{\sqrt{a_2}+\sqrt{a_3}} + ... + \frac{1}{\sqrt{a_{n-1}}+\sqrt{a_n}} = \frac{n-1}{\sqrt{a_1}+\sqrt{a_n}}$

142 Demonstrar que se os números $a_1, a_2, a_3, ..., a_n$ não são iguais a zero e formam uma PA, então: $\frac{1}{a_1 a_2} + \frac{1}{a_2 a_3} + \frac{1}{a_3 a_4} + ... + \frac{1}{a_{n-1} a_n} = \frac{n-1}{a_1 a_n}$.

143 Demonstrar que se os números $a_1, a_2, ..., a_n$, para $n \geq 3$ satisfazem à condição $\frac{1}{a_1 a_2} + \frac{1}{a_2 a_3} + \frac{1}{a_3 a_4} + ... + \frac{1}{a_{n-1} a_n} = \frac{n-1}{a_1 a_n}$, então a seqüência $(a_1, a_2, ..., a_n)$ é uma PA.

144 Demonstrar que se os números $\log_k x, \log_m x, \log_n x$ ($x \neq 1$) formam uma PA, então: $n^2 = (kn)^{\log_k m}$.

145 Mostre que toda potência n^k com n e k inteiros, maiores que 1, é igual à soma de n números ímpares consecutivos.

146 Prove que se (a_1, a_2, ..., a_n) for uma PA, então a soma $S = a_1^2 - a_2^2 + a_3^2 - a_4^2 + ... + a_{2k-1}^2 - a_{2k}^2$ é dada por $S = \dfrac{k}{2k-1}(a_1^2 - a_{2k}^2)$.

147 Dadas as seqüências (a_n) e (b_n) pelos termos gerais $a_n=an+b$ e $b_n=cn+d$, mostre que a seqüência (x_n) definida por $x_n = a_{b_n}$ é uma progressão aritmética.

148 Prove que em uma progressão aritmética:
a) $S_{n+3} - 3S_{n+2} + 3S_{n+1} - S_n = 0$ \hspace{2em} b) $S_{3n} = 3(S_{2n} - S_n)$
Obs.: S_n é a soma dos n primeiros termos da progressão

149 Sendo ($a_1, a_2, ..., a_n, ...$) uma progressão aritmética, prove que ($S_1, S_2, S_3, ...$) onde $S_1 = a_1 + a_2 + ... + a_n$, $S_2 = a_{n+1} + a_{n+2} + ... + a_{2n}$, $S_3 = a_{2n+1} + a_{2n+2} + ... + a_{3n}$ é uma progressão cuja razão é n^2 vezes a razão de ($a_1, a_2, ..., a_n, ...$)

150 Mostre que em uma PA de razão r, onde $p+q = n_1 + n_2 + ... + n_k$ (com p,q e n_i naturais positivos) e $a_p + a_q = a_{n_1} + a_{n_2} + ... + a_{n_k}$, então $a_1 = r$.

151 Tem-se um número ímpar de pedras que estão dispostas ao longo de uma rua, em linha reta, distantes 10m uma da outra. Um homem, cuja tarefa é juntar todas as pedras no local onde está a pedra central, pode carregar apenas uma de cada vez. Ele começa o trabalho com uma das pedras extremas e carrega sucessivamente, andando um total de 3 km para carregar todas as pedras. Determine o número de pedras.

152 Achar uma progressão aritmética na qual a razão entre a soma dos n primeiros termos e a soma dos kn seguintes não dependa de n.

153 Dada a tabela
          1
          2, 3, 4
          3, 4, 5, 6, 7
          4, 5, 6, 7, 8, 9, 10
          5, 6, 7, 8, 9, 10, 11, 12, 13, mostre que a soma dos elementos de uma fila horizontal é igual ao quadrado de um número ímpar.

154 Uma reta passa pelo centro de um quadrado ABCD e intercepta o lado AB em um ponto E tal que AE:EB=1:2. Sobre essa reta tomamos um ponto P que esteja no interior do quadrado. Mostre que as distâncias entre P e os lados AB, AD, BC e CD, tomadas nessa ordem, formam uma PA.

Capítulo 3

Progressões Geométricas (PG)

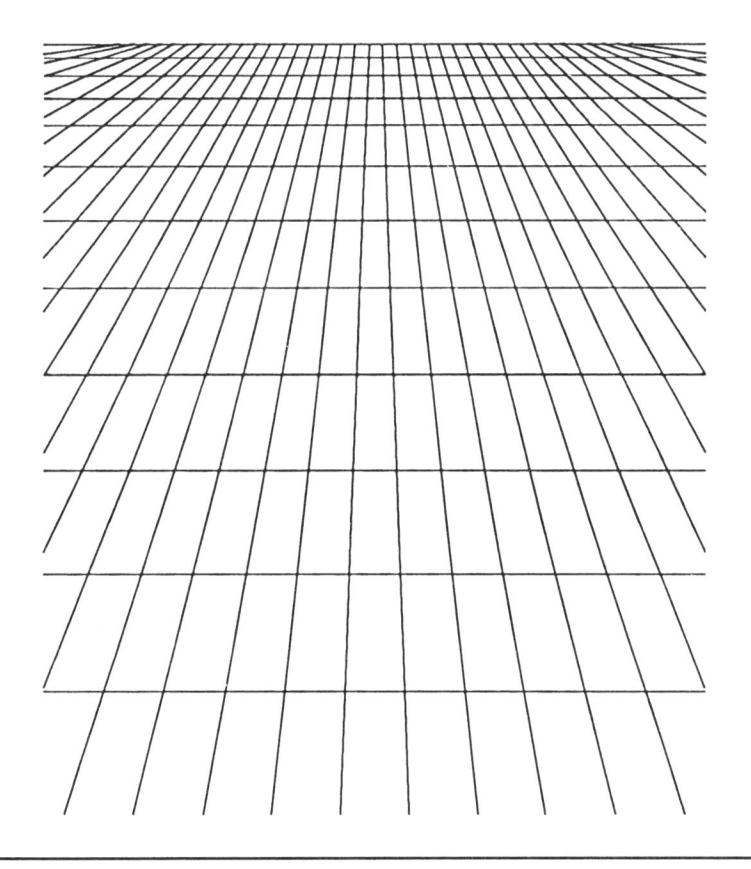

Progressões Geométricas (PG)

Chama-se Progressão Geométrica (PG) a uma seqüência (finita ou infinita) em que qualquer termo desde que não seja o último, multiplicado por uma constante, resulta no termo seguinte: essa constante, que define a seqüência, se chama razão (q) da PG.

Exemplo:
PG = (2, 6, 18, 54, 162, ...)
Observe que, nessa PG, temos:
$a_2 = a_1 \cdot 3$, $a_3 = a_2 \cdot 3$, $a_4 = a_3 \cdot 3$, etc

e que $\dfrac{a_2}{a_1} = \dfrac{a_3}{a_2} = \dfrac{a_4}{a_3} = \ldots = 3 = q =$ razão da PG.

A – Definição

Progressão Geométrica (PG) é toda seqüência definida pela seguinte lei de recorrência:

$$\begin{cases} a_1 = a \\ a_n = a_{n-1} \cdot q \end{cases}$$ para $n \in N / n \geq 2$, onde α e q são constantes reais dadas e que determinam a PG.

De modo geral, numa PG definida pelas constantes reais a_1 e q, temos:

$$PG = \left(a_1, \underbrace{a_1 \cdot q}_{a_2}, \underbrace{a_1 \cdot q^2}_{a_3}, \underbrace{a_1 \cdot q^3}_{a_4}, \underbrace{a_1 \cdot q^4}_{a_5}, \ldots \right)$$

Observação: em estudo posterior é possível definir PG no conjunto C dos números complexos.

B – Classificação da PG

A seguir, veremos 11 exemplos de progressões geométricas dando, em cada caso, a sua classificação:

a) $a_1 = 0$, $\forall q \in R$
PG = (0, 0, 0, 0, ...)
Esta PG é **constante** $(a_{n+1} = a_n)$

b) $a_1 > 0$, $q < 0$
PG = (3, – 6, 12, – 24, 48, ...)
Esta PG é **alternante** $\left(\dfrac{a_{n+1}}{a_n} < 0 \right)$

c) $a_1 > 0, q = 0$
PG = (12, 0, 0, 0, 0, ...)
Esta PG é **não crescente** $(a_{n+1} \leq a_n)$

d) $a_1 > 0, 0 < q < 1$
$$PG = \left(8, 4, 2, 1, \frac{1}{2}, \frac{1}{4}, ...\right)$$
Esta PG é **decrescente** $(a_{n+1} < a_n)$

e) $a_1 > 0, q = 1$
PG = (15, 15, 15, 15, ...)
Esta PG é **constante** $(a_{n+1} = a_n)$

f) $a_1 > 0, q > 1$
PG = (1, 3, 9, 27, 81, ...)
Esta PG é **crescente** $(a_{n+1} > a_n)$

g) $a_1 < 0, q < 0$
$$PG = \left(-\frac{5}{2}, 5, -10, 20, -40, ...\right)$$
PG **alternante** $\left(\frac{a_{n+1}}{a_n} < 0\right)$

h) $a_1 < 0, q = 0$
PG = (−9, 0, 0, 0, 0, ...)
PG **não decrescente** $(a_{n+1} \geq a_n)$

i) $a_1 < 0, 0 < q < 1$
$$PG = \left(-1, -\frac{1}{2}, -\frac{1}{4}, -\frac{1}{8}, ...\right)$$
PG **crescente** $(a_{n+1} > a_n)$

j) $a_1 < 0, q = 1$
PG = (−3, −3, −3, −3, ...)
PG **constante** $(a_{n+1} = a_n)$

k) $a_1 < 0, q > 1$
$$PG = \left(-\frac{1}{2}, -2, -8, -32, -128, ...\right)$$
PG **decrescente** $(a_{n+1} < a_n)$

Resumo da Classificação da PG

1ª caso: $a_1 = 0$
PG constante, $\forall q \in R$.

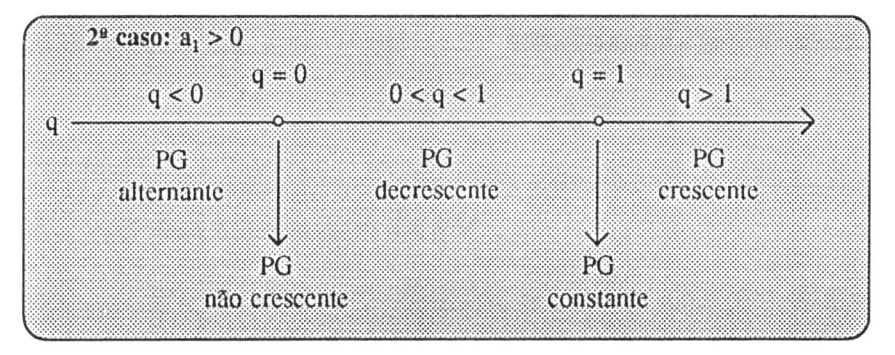

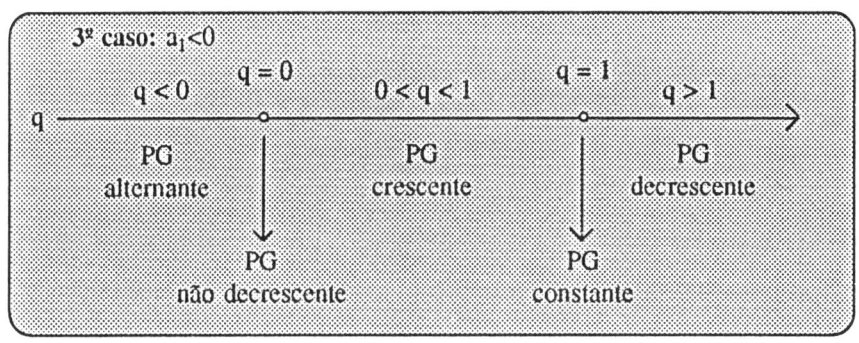

2ª caso: $a_1 > 0$

$q < 0$	$q = 0$	$0 < q < 1$	$q = 1$	$q > 1$
PG alternante	PG não crescente	PG decrescente	PG constante	PG crescente

3ª caso: $a_1 < 0$

$q < 0$	$q = 0$	$0 < q < 1$	$q = 1$	$q > 1$
PG alternante	PG não decrescente	PG crescente	PG constante	PG decrescente

Exercícios

155 Escreva, em cada caso, os 5 primeiros termos da PG e, a seguir, classifique-a:

a) $\begin{cases} a_1 = 1 \\ q = -3 \end{cases}$
b) $\begin{cases} a_1 = -12 \\ q = \dfrac{1}{6} \end{cases}$
c) $\begin{cases} a_1 = -7 \\ q = 0 \end{cases}$
d) $\begin{cases} a_3 = 20 \\ q = 2 \end{cases}$

e) $\begin{cases} a_1 = 162 \\ q = \dfrac{1}{3} \end{cases}$
f) $\begin{cases} a_5 = 250 \\ q = -5 \end{cases}$
g) $\begin{cases} a_2 = -4 \\ a_4 = -64 \end{cases}$
h) $\begin{cases} a_1 = \sqrt{2} \\ a_2 = \sqrt{2} \end{cases}$

156 Dada a PG finita (1, 2, 4, 8, 16, 32), determine:

a) a sua razão (q).
b) o seu número de termos (n).
c) a média geométrica de a_3 e a_5.
d) a média geométrica de a_1 e a_3.

(Lembre-se: dados dois números positivos a e b, sua média geométrica é o número também positivo c tal que c^2 = a.b. Se a e b forem negativos, então sua média geométrica também é um número negativo).

157 Dada a PG finita $\left(160, -80, 40, -20, 10, -5, \dfrac{5}{2}\right)$, determine:

a) a razão.
b) o número de termos.
c) $a_1 \cdot a_7$
d) $a_2 \cdot a_6$
e) $a_3 \cdot a_5$
f) a_4^2

158 Dada a $PG = \left(\dfrac{9}{8}, \dfrac{-3}{4}, \dfrac{1}{2}, \dfrac{-1}{3}, \dfrac{2}{9}, \dfrac{-4}{27}, \dfrac{8}{81}, \ldots\right)$, determine:

a) a razão
b) $\sqrt{a_3 \cdot a_5}$
c) $\sqrt{a_2 \cdot a_6}$
d) $\sqrt{a_1 \cdot a_7}$

159 Determine a razão e dê a classificação das seguintes progressões geométricas:

a) $PG = \left(1 - \sqrt{2}, -1, \ldots\right)$
b) PG = (0, 0, 0, 0, ...)
c) PG = (π, 0, 0, 0, ...)
d) $PG = \left(\dfrac{1}{2 + \sqrt{3}}, 2 - \sqrt{3}, \ldots\right)$
e) $PG = \left(\sqrt{5} + 2, -1, \ldots\right)$
f) $PG = \left(1 + \dfrac{\sqrt{2}}{2}, \dfrac{1}{2}, \ldots\right)$
g) $PG = \left(-\sqrt[3]{9} - \sqrt[3]{3} - 1, -2, \ldots\right)$

160 Como sabemos, a PG definida por a_1 e q reais pode ser escrita PG = (a_1, $a_1.q$, $a_1.q^2$, ...), ou seja, $a_2 = a_1.q^1$, $a_3 = a_1.q^2$, $a_4 = a_1.q^3$, $a_5 = a_1.q^4$, $a_6 = a_1.q^5$, etc. Assim sendo, determine o valor do termo geral a_n em função a_1, q e n.

✓ Faça também os Exercícios de Fixação 212 – 213

C – Fórmula do Termo Geral da PG

Na PG com primeiro termo a_1 e razão q, temos:

$$PG = (a_1, a_2, a_3, a_4, ..., a_n, ...)$$

O termo geral a_n (enésimo termo da PG) é dado pela expressão:

$$\boxed{a_n = a_1 \cdot q^{n-1}} \ (n \in \mathbb{N}^*)$$

onde
a_1 = primeiro termo ⎫
⎬ são constantes reais dadas
q = razão ⎭
n = posição de a_n na PG (índice de a_n)
a_n = valor do enésimo termo da PG

Demonstração por indução finita
Tese: $a_n = a_1 \cdot q^{n-1}$, $\forall n \in \mathbb{N}^*$.

(1ª parte) Verificação para n = 1
1º membro = a_1
2º membro = $a_1 \cdot q^0 = a_1$
$\Rightarrow$ 1º membro = 2º membro

(2ª parte) Hipótese de indução (n=p)
$a_p = a_1 \cdot q^{p-1}$

Demonstração da 2ª parte
1º membro da tese = $a_{p+1} = a_p \cdot q = a_1 \cdot q^{p-1} \cdot q = a_1 \cdot q^p$ = 2º membro da tese
c.q.d.

D – Propriedades da PG

D.1 – Numa PG finita com n termos, o produto de dois termos quaisquer eqüidistantes dos extremos é constante e sempre igual ao produto $a_1 \cdot a_n$ (ver exercício 157).

Assim sendo, na PG finita $(a_1, a_2, a_3, ...a_k, ..., a_{n-k+1}, ..., a_{n-2}, a_{n-1}, a_n)$, temos:

$$\boxed{a_1 \cdot a_n = a_2 \cdot a_{n-1} = a_3 \cdot a_{n-2} = ... = a_k \cdot a_{n-k+1}}$$

(pares de termos equidistantes dos extremos)

Demonstração

De fato, a_k e a_{n-k+1} são dois termos quaisquer equidistantes dos extremos (soma dos índices =n+1), então, usando a fórmula do termo geral da PG, temos:

$$\begin{cases} a_k = a_1 \cdot q^{k-1} \\ a_{n-k+1} = a_1 \cdot q^{n-k} \end{cases} \text{e, portanto,}$$

$$a_k \cdot a_{n-k+1} = a_1 \cdot q^{k-1} \cdot a_1 \cdot q^{n-k} = a_1 \cdot a_1 \cdot q^{n-1} = a_1 \cdot a_n$$

c.q.d.

D.2 - Tomando-se quaisquer três termos consecutivos de uma PG não alternante (finita ou infinita), o termo do meio é média geométrica dos outros dois.(ver exerc. 156)

Em símbolos, temos:
PG = $(a_1, a_2, a_3, ..., a_{n-1}, a_n, a_{n+1}, ...)$
$a_n^2 = a_{n-1} \cdot a_{n+1}$ ($n \geq 2$)

Observação: nas progressões geométricas alternantes, apesar de valer a relação $a_n^2 = a_{n-1} \cdot a_{n+1}$, é necessário discutir o sinal do termo central a_n.

Demonstração

Por definição, numa PG de termos não nulos, temos:

$$\left. \begin{array}{l} \dfrac{a_n}{a_{n-1}} = q \\ \dfrac{a_{n+1}}{a_n} = q \end{array} \right\} \Rightarrow \dfrac{a_n}{a_{n-1}} = \dfrac{a_{n+1}}{a_n} \Rightarrow a_n^2 = a_{n-1} \cdot a_{n+1}$$

Se a PG tiver algum termo nulo, a verificação dessa propriedade é imediata.

c.q.d.

Observação: Essa propriedade pode, também, ser estendida para:
PG = $(a_1, a_2, a_3, ..., a_{n-k}, ..., a_n, ..., a_{n+k}, ...)$
$a_n^2 = a_{n-k} \cdot a_{n+k}$ *onde a_{n-k} e a_{n+k} são dois termos quaisquer equidistantes de a_n (ver exerc.158)*

D.3 - Dada a PG = $(a_1, a_2, a_3, ..., a_i, ..., a_j, ...)$, onde a_i e a_j são dois termos quaisquer, é válida a propriedade:

$$\boxed{a_j = a_i \cdot q^{j-i}}$$

Note bem: j − i é a diferença entre os índices de a_j e a_i nesta ordem e, portanto, pode resultar em qualquer número inteiro positivo, nulo ou negativo, dependendo da posição relativa dos termos a_j e a_i. Note, também, que a fórmula do termo geral da PG $a_n = a_1 \cdot q^{n-1}$ é um caso particular desta propriedade.

Demonstração
Dividindo membro a membro as igualdades

$$\div \downarrow \quad \begin{array}{l} a_j = a_1 \cdot q^{j-1} \\ a_i = a_1 \cdot q^{i-1} \end{array}$$

$$\frac{a_j}{a_i} = \frac{q^{j-1}}{q^{i-1}}$$

$$\Rightarrow a_j = a_i \cdot q^{(j-1)-(i-1)} \Rightarrow a_j = a_i \cdot q^{j-i} \qquad \text{c.q.d.}$$

E – Interpolação Geométrica

Dados dois números reais α e β, nesta ordem, interpolar (ou inserir) m meios geométricos entre α e β significa obter a PG finita em que:
$a_1 = \alpha$ (primeiro termo)
$a_n = \beta$ (último termo)
n=m+2 (número de termos), ou seja,

$$PG = (\alpha, \underbrace{a_2, a_3, a_4, ..., a_{n-1}}_{\text{m termos}}, \beta)$$

Observação: para obter tal PG basta achar a sua razão q.

F – Produto dos *n* Primeiros Termos da PG (P_n)

F.1 – 1ª Fórmula do Produto

Na PG = $(a_1, a_2, a_3, ..., a_{n-2}, a_{n-1}, a_n, ...)$ o produto dos n primeiros termos é

$$P_n = a_1 \cdot a_2 \cdot a_3 \cdot ... \cdot a_n.$$

Pela propriedade (D-1) da PG sabemos que
$a_1 \cdot a_n = a_2 \cdot a_{n-1} = a_3 \cdot a_{n-2} = ... = a_k \cdot a_{n-k+1}$, então,
multiplicando membro a membro as igualdades

$$\times \downarrow \quad \begin{array}{l} P_n = a_1 \cdot a_2 \cdot a_3 \cdot ... \cdot a_{n-2} \cdot a_{n-1} \cdot a_n \\ P_n = a_n \cdot a_{n-1} \cdot a_{n-2} \cdot ... \cdot a_3 \cdot a_2 \cdot a_1 \end{array}$$

$$P_n^2 = (a_1 \cdot a_n)(a_1 \cdot a_n)(a_1 \cdot a_n) \cdot ... \cdot (a_1 \cdot a_n)(a_1 \cdot a_n)(a_1 \cdot a_n)$$

$$P_n^2 = (a_1 \cdot a_n)^n \Rightarrow P_n = \pm\sqrt{(a_1 \cdot a_n)^n}$$

Observações:

1ª) Demonstra-se facilmente que $(a_1 a_n)^n > 0$ e, portanto, sempre estará definida a sua raiz quadrada.

2ª) Quando na PG houver algum termo negativo, esta fórmula apresenta o inconveniente de ser necessário analisar qual será o sinal resultante do produto P_n (positivo ou negativo).

Quando a PG tiver só termos positivos, teremos $P_n = \sqrt{(a_1 \cdot a_n)^n}$

F.2 - 2ª Fórmula do Produto

Sendo
$P_n = a_1 \cdot a_2 \cdot a_3 \cdot a_4 \cdot \ldots \cdot a_n$, podemos escrever:
$P_n = a_1 \cdot (a_1 \cdot q) \cdot (a_1 \cdot q^2) \cdot (a_1 \cdot q^3) \cdot \ldots \cdot (a_1 \cdot q^{n-1})$

$$= \underbrace{(a_1 \cdot a_1 \cdot a_1 \cdots a_1)}_{n \text{ fatores}} \cdot \left(q \cdot q^2 \cdot q^3 \cdot q^4 \cdots q^{n-1}\right)$$

Da PA, sabemos que $1 + 2 + 3 + \ldots + n - 1 = \dfrac{n(n-1)}{2}$, portanto

$$\boxed{P_n = a_1^n \cdot q^{\frac{n(n-1)}{2}}}$$

que é a fórmula do produto dos n primeiros termos da PG.

Observações:

1ª) É fácil perceber que o expoente $\dfrac{n(n-1)}{2}$ é sempre um número natural.

2ª) Para n=1 adotaremos $P_1 = a_1$
   Assim sendo, teremos:
   $P_1 = a_1$
   $P_2 = a_1 \cdot a_2$
   $P_3 = a_1 \cdot a_2 \cdot a_3$
   $P_4 = a_1 \cdot a_2 \cdot a_3 \cdot a_4$ e assim por diante.

3ª) Esta 2ª fórmula apresenta a grande vantagem de não se necessitar discutir o sinal do produto.

Demonstração por indução finita

Tese: $P_n = a_1^n \cdot q^{\frac{n(n-1)}{2}}$

(1ª parte) Verificação para n=1

1º membro = $P_1 = a_1$

2º membro = $a_1^1 \cdot q^{\frac{1(1-1)}{2}} = a_1 \cdot q^0 = a_1$

$\Rightarrow$ 1º membro = 2º membro

(2ª parte) Hipótese de indução (n=k)

$P_k = a_1^k \cdot q^{\frac{k(k-1)}{2}}$

Tese de indução (n=k+1)

$P_{k+1} = a_1^{k+1} \cdot q^{\frac{(k+1)k}{2}}$

Demonstração da 2ª parte

1º membro da tese = P_{k+1} =

$= (\underbrace{a_1 \cdot a_2 \cdot a_3 \cdots a_k}_{P_k} \cdot a_{k+1}) =$

$a_1^k \cdot q^{\frac{k(k-1)}{2}} \cdot a_1 \cdot q^k = a_1^{k+1} \cdot q^{\frac{k(k-1)}{2}+k} =$

$a_1^{k+1} \cdot q^{\frac{k^2+k}{2}} = a_1^{k+1} \cdot q^{\frac{(k+1)k}{2}}$ = 2º membro da tese.

c.q.d.

Exercícios

161 Determine o 9º termo das seguintes progressões geométricas:

a) PG = (4,8,...) b) PG = ($\pi,\pi,...$) c) PG = $(\sqrt{5}-1, 0, ...)$

162 Determine o 6º e o 7º termos das seguintes progressões geométricas:

a) PG = (–162,–54,...) b) PG = $\left(\frac{40}{63}, \frac{-20}{21}, ...\right)$

c) PG = $\left(\frac{-432}{125}, \frac{72}{25}, ...\right)$ d) PG = $(\sqrt{2}-\sqrt{3}, \sqrt{3}-\sqrt{2}, ...)$

163 Determine o número de termos em cada uma das PGs finitas seguintes:

a) $PG = \left(\dfrac{25}{54}, \ldots, \dfrac{5^2 \cdot 3^{11}}{2}\right)$ sendo q=3

b) $PG = \left(\dfrac{243}{160}, \ldots, \dfrac{-512}{45}\right)$ sendo $q = -\dfrac{4}{3}$

c) $PG = \left(1-\sqrt{2}, \ldots, \dfrac{1}{\sqrt{2}+1}\right)$ sendo q=–1

d) $PG = \left(\dfrac{256}{343}, \ldots, \dfrac{343}{16}\right)$ sendo $q = \dfrac{-7}{4}$

164 Determine o primeiro termo da PG em que a razão é $q = \dfrac{1}{2}$ e $a_{15} = \dfrac{1}{1024}$.

165 Determine a razão q nas PGs seguintes, sabendo que:

a) $a_1 = \dfrac{256}{243}$ e $a_6 = \dfrac{-1}{4}$
b) $a_1 = \dfrac{1}{32}$ e $a_9 = 8$
c) $a_1 = \dfrac{81}{8}$ e $a_8 = \dfrac{16}{27}$

d) $a_1 = \dfrac{1}{18}$ e $a_5 = -72$
e) $a_1 = \dfrac{-1}{2+\sqrt{5}}$ e $a_{13} = 2-\sqrt{5}$

> ✓ Faça também os Exercícios de Fixação 214 → 221

166 Determine o produto dos 15 primeiros termos (P_{15}) de cada uma das seguintes PGs:

a) $PG = (256, 128, \ldots)$
b) $PG = (-3^{-10}, 3^{-8}, \ldots)$
c) $PG = \left(\dfrac{6}{7}, 0, \ldots\right)$

167 Determine o produto (P_4) dos quatro primeiros termos da
$PG = \left(\sqrt{3}-2, \dfrac{1}{2+\sqrt{3}}, \ldots\right)$

168 Determine o produto dos 6 primeiros termos (P_6) de cada uma das seguintes PGs:

a) $PG = \left(\dfrac{1}{4}, -\dfrac{1}{2}, \ldots\right)$ b) $PG = \left(-\dfrac{1}{36}, -\dfrac{1}{6}, \ldots\right)$
c) PG=(27,27,...) d) PG=(−4,4,...)

169 Determine o produto dos termos das seguintes PGs finitas, sabendo que seus extremos são:

a) $a_1 = \dfrac{1}{64}$ e $a_{12} = -32$ b) $a_1 = -32$ e $a_8 = -\dfrac{1}{4}$ c) $a_1 = -100$ e $a_5 = -\dfrac{1}{100}$

170 Determine o produto dos termos das seguintes PGs finitas, sabendo que seus extremos são:

a) $a_1 = \dfrac{2}{125}$ e $a_7 = 250$ b) $a_1 = \dfrac{-27}{128}, a_{11} = \dfrac{-2^{13}}{3^7}$ e que sua razão é positiva.

c) $a_1 = -243$ e $a_9 = -\dfrac{1}{27}$

171 Determine o produto dos termos da PG finita que tem razão q=−7 e último termo $a_6 = -49$.

172 Determine o produto dos termos da $PG = \left(\dfrac{1}{243}, \dfrac{1}{27}, \ldots, 2187\right)$

173 Numa PG finita com 9 termos, a razão é $q = -\dfrac{1}{4}$ e o produto dos seus termos é $P_9 = -2^{27}$. Nessas condições, determine os extremos dessa PG.

174 Determine o último termo da PG finita $\left(\dfrac{1}{128}, \dfrac{-1}{64}, \ldots, a_n\right)$, sabendo que o produto dos seus termos vale 2^{-18}.

175 Numa PG finita são dados: o último termo $a_n = \dfrac{1}{2}$, a razão $q = -\dfrac{1}{2}$ e o produto dos termos $P_n = -2^{35}$. Determine a_1 e n.

176 Determine a razão e o número de termos de uma PG finita em que $a_1 = \dfrac{1}{81}$, o último termo é $a_n = -27$ e o produto dos termos é $P_n = a_1$.

177 Numa PG finita com 13 termos, $a_1 = \dfrac{-1}{1000}$ e $P_{13} = -10^{39}$. Determine o último termo dessa PG.

178 Determine a razão da PG em que $a_7 = 640$ e $P_7 = 10^{\,7}$

179 Determine a razão da PG que tem $a_{10} = 384$ e $a_4 = 6$

180 Determine o 15º termo da PG em que $a_6 = \dfrac{16}{81}$ e $q = -\dfrac{3}{2}$.

181 .Determine o 7º termo da PG que tem $a_{12} = 1024$ e $q = -8$

182 Escrever os 3 primeiros termos da PG em que: $\begin{cases} a_6 - a_4 = -72 \\ a_3 - a_6 = 108 \end{cases}$

183 Determine o primeiro termo e a razão da PG na qual: $\begin{cases} a_7 - a_6 + a_5 = 3 \\ a_6 + a_3 = 18 \end{cases}$

184 Determine os 3 primeiros termos de uma PG, sabendo que $a_5 = 24$ e $\dfrac{a_{14}}{a_6} = 16$.

185 Sabe-se que numa PG vale a relação $a_8 = -216 a_5$. Assim sendo, determine a razão e dê a classificação dessa PG.

186 Determine a_1 e q na PG = $(8-x, x+1, 3x-3)$ onde $x \in R$.

187 Determine, em cada caso, o 7º termo da PG de termos reais em que:
a) $a_6 = -4$ e $a_8 = -9$ b) $a_5 \cdot a_9 = 8$ c) $a_1 = -2$ e $a_{13} = 32$

188 Numa PG, sabe-se que $a_2 \cdot a_{11} = -36$ e $a_5 = 4$. Determine a_8.

189 Numa PG com 11 termos, todos positivos, sabe-se que o produto dos extremos vale 36. Determine o produto dos termos dessa PG.

190 Determine o produto dos 18 primeiros termos de uma PG alternante com $a_1 > 0$, sabendo que $a_4 \cdot a_{15} = -3$

191 Determine uma PG de três termos, sabendo eles têm produto igual a -8 e soma igual a $\dfrac{14}{3}$

192 Determine uma PG com 5 termos sabendo que têm produto igual a 1024 e que $a_5 = a_2 \cdot a_4$

193 Determine uma PG com 4 termos sabendo que $a_3 - a_2 = \dfrac{5}{9}$ e que o produto dos termos é $P_4 = \dfrac{16}{81}$

194 O produto dos n primeiros termos de uma PG é dado pela expressão $P_n = 2^{\frac{n^2 - 5n}{2}}$, $n \in \mathbb{N}^*$. Escreva a PG.

195 O produto dos n primeiros termos de uma PG é dado pela expressão $P_n = (-1)^{\frac{n(n-1)}{2}} \cdot 3^{-n^2 + 6n}$, $n \in \mathbb{N}^*$. Escreva os 4 primeiros termos dessa PG.

196 Interpolar (inserir) 4 meios geométricos entre $\dfrac{1}{8}$ e -128

197 Interpolar 7 meios geométricos entre 9 e $\dfrac{1}{729}$.

198 Quantos meios geométricos devemos interpolar entre 3 e 24 para que resulte numa PG com razão $q = \sqrt{2}$.

199 Em cada caso, quantos meios geométricos devemos interpolar entre $\frac{2}{3}$ e 486 de modo que resulte numa PG com razão:

a) $q = 3\sqrt{3}$ b) $q = -27$ c) $q = 81$

200 Interpolando m (m $\in N^*$) meios geométricos entre os números reais $\alpha(\alpha \neq 0)$ e β, qual é a razão da PG obtida?

G - Soma dos *n* Primeiros Termos da PG (S_n)

Vamos, neste item, deduzir três fórmulas para calcular a soma dos n primeiros termos de uma PG.
Assim, na PG = $(a_1, a_2, a_3, ..., a_n, ...)$, a soma procurada é:
1) $S_n = a_1 + a_2 + a_3 + a_4 + ... + a_{n-1} + a_n$
Multiplicando os dois membros pela razão q, temos:
$q.S_n = a_1 q + a_2 q + a_3 q + ... + a_{n-1} q + a_n q$, ou seja,
2) $q.S_n = a_2 + a_3 + a_4 ... + a_n + a_n q$
A seguir, subtraindo membro a membro as igualdades (1) e (2), temos:
$S_n - qS_n = a_1 - a_n.q$
$S_n(1-q) = a_1 - a_n.q$
e, para $q \neq 1$, temos:

3) $\boxed{S_n = \dfrac{a_1 - a_n \cdot q}{1 - q}}$ $(q \neq 1)$

Evidentemente, quando q=1 a PG será $(a_1, a_1, a_1, ..., a_1, ...)$ e, portanto,

4) $\boxed{S_n = n.a_1}$ (q=1)

Em seguida, podemos deduzir uma nova fórmula para S_n substituindo, em 3), a_n pela expressão do termo geral da PG:

$S_n = \dfrac{a_1 - a_n \cdot q}{1 - q} = \dfrac{a_1 - a_1 \cdot q^{n-1} \cdot q}{1 - q}$ e, finalmente,

5) $\boxed{S_n = \dfrac{a_1(1 - q^n)}{1 - q}}$ $(q \neq 1)$

Observações:
1ª) A fórmula da expressão (5) calcula S_n a partir de a_1, q e n e é a mais frequentemente usada(deve ser memorizada pelo aluno).
2ª) A fórmula da expressão (3) calcula S_n em função de a_1, q e a_n e, além de ser menos usada, também pode ser facilmente deduzida pelo aluno a partir da expressão (5).

3ª) A fórmula da expressão (4) só se aplica quando q=1
4ª) Como tais fórmulas são válidas para n finito, elas também costumam ser chamadas de "fórmulas da soma dos termos da PG finita".

Demonstremos, então, por indução finita, que a fórmula (5) é valida para $\forall\ n \in N^*$.

Tese: $S_n = \dfrac{a_1(1-q^n)}{1-q}$ para $q \neq 1$ e $n \in N^*$

(1ª parte)   Verificação para n=1
1º membro = $S_1 = a_1$

2º membro = $\dfrac{a_1(1-q^1)}{1-q} = a_1$

$\Rightarrow$ 1º membro = 2º membro

(2ª parte)   Hipótese de indução (n=k)

$S_k = \dfrac{a_1(1-q^k)}{1-q}$

Tese de indução (n=k+1)

$S_{k+1} = \dfrac{a_1(1-q^{k+1})}{1-q}$

demonstração da 2ª parte

1º membro da tese = $S_{k+1} = \underbrace{a_1 + a_2 + a_3 + \ldots + a_k}_{S_k} + a_{k+1} =$

$= \dfrac{a_1(1-q^k)}{1-q} + a_1 q^k = \dfrac{a_1 - a_1 q^k + (1-q)a_1 \cdot q^k}{1-q} =$

$= \dfrac{a_1 - a_1 q^k[1-(1-q)]}{1-q} = \dfrac{a_1 - a_1 q^k \cdot q}{1-q} =$

$= \dfrac{a_1(1-q^{k+1})}{1-q} =$ 2º membro da tese

c.q.d.

Exercícios

201 Determine a soma dos 7 primeiros termos das seguintes PGs:

a) PG = (5,10,...)
b) PG = $\left(-\dfrac{2}{9}, \dfrac{2}{3}, ...\right)$
c) PG = $\left(\dfrac{27}{4}, -\dfrac{9}{2}, ...\right)$
d) PG = (–8,–8,...)
e) PG = (6,–6,...)

202 Determine a soma dos termos de cada uma das PGs finitas seguintes:

a) PG = $\left(6, 6\sqrt{3}, ..., 162\right)$
b) PG = (–2048, 1024, ..., 4)
c) PG = $\left(-80, -60, ..., -\dfrac{1215}{64}\right)$
d) PG = (a, –a, ..., –a) onde a ∈ R
e) PG = (b, –b, ..., b) onde b ∈ R

203 Calcule o valor das seguintes somas:

a) $S = 10 + 100 + 1000 + ... + 10^{12}$
b) $S = 10 + 100 + 1000 + ... + 10^n, n \in \mathbb{N}^*$
c) $S = 1 + 10 + 100 + ... + 10^5$

204 Calcule o valor das seguintes somas:

a) $S = 9 + 99 + 999 + ... + \underbrace{99...9}_{6 \text{ noves}} =$
b) $S = 9 + 99 + 999 + ... + \underbrace{99...9}_{n \text{ noves}} =$

205 Calcule o valor das seguintes somas:

a) $S = 1 + 11 + 111 + ... + 111.111$
b) $S = 1 + 11 + 111 + ... + \underbrace{11...1}_{10 \text{ uns}} =$
c) $S = 1 + 11 + 111 + ... + \underbrace{11...1}_{n \text{ uns}} =$

206 Numa PG finita com n termos sabe-se que $a_1 = \dfrac{1}{4}$, $a_n = -8$ e $s_n = \dfrac{-63}{12}$. Determine n.

207 Numa PG com 7 termos, a razão vale –2 e a soma dos termos vale 43. Determine o último termo

208 A soma dos n primeiros termos de uma PG é dada pela expressão $S_n = 1 - (-3)^n$, $n \in \mathbb{N}^*$. Nessas condições, determine o 6º termo dessa PG.

✓ Faça também os Exercícios de Fixação 222 → 224

H – Soma dos Termos da PG Infinita (S)

Vamos, agora, determinar uma fórmula que nos permita calcular $S = \lim_{n \to \infty} S_n$ quando este limite existir e for finito.

Consideremos, então, a PG = $(a_1, a_2, a_3, ..., a_n, ...)$ de razão q e a soma de seus infinitos termos

$S_n = a_1 + a_2 + a_3 + ... + a_n + ...$ (chamada de série geométrica infinita).

Quando o $\lim_{n \to \infty} S_n = S$ existe e é finito, dizemos que a série

$S_n = a_1 + a_2 + a_3 + ... + a_n + ...$

é convergente e converge para S (soma da série infinita). Quando esse limite não existe ou não é finito, dizemos que tal série é divergente e a seqüência é não somável.

No estudo aprofundado de seqüências e séries infinitas (cálculo), demonstra-se que a série geométrica infinita

$S_n = a_1 + a_2 + a_3 + ... + a_n + ...$

1º) é convergente se $-1 < q < 1$
2º) é divergente se $q \leq -1$ ou $q \geq 1$

Considerando o caso em que a PG é somável ($-1 < q < 1$) e lembrando que

$S_n = \dfrac{a_1(1 - q^n)}{1 - q}$, temos:

$\lim_{n \to \infty} S_n = \lim_{n \to \infty} \left(\dfrac{a_1}{1 - q} - \dfrac{a_1 \cdot q^n}{1 - q} \right) = \lim_{n \to \infty} \dfrac{a_1}{1 - q} - \lim_{n \to \infty} \dfrac{a_1 \cdot q^n}{1 - q} =$

$\dfrac{a_1}{1 - q} - \dfrac{a_1}{1 - q} \cdot \lim_{n \to \infty} q^n$ onde $\lim_{n \to \infty} q^n = 0$ pois $-1 < q < 1$.

Portanto, teremos:

$$\boxed{S = \lim_{n \to \infty} S_n = \dfrac{a_1}{1 - q}} \quad (-1 < q < 1)$$

(soma dos termos da PG infinita)

Exercícios

209 Nas seguintes PGs, nos casos em que forem convergentes, calcule $\lim_{n\to\infty} S_n = S$:

a) $PG = \left(1, \frac{1}{2}, \frac{1}{4}, \ldots\right)$ b) $PG = (8, -4, 2, \ldots)$ c) $PG = (-18, -12, -8, \ldots)$

d) $PG = (12, -18, 27, \ldots)$ e) $PG = \left(1+\sqrt{2}, -1, \sqrt{2}-1, \ldots\right)$

f) $PG = (5, 0, 0, \ldots)$ g) $PG = \left(\frac{3}{10}, \frac{3}{100}, \frac{3}{1000}, \ldots\right)$

h) $PG = \left(\frac{18}{100}, \frac{18}{10000}, \frac{18}{1000000}, \ldots\right)$

i) $PG = \left(1-\sqrt{2}, -1, -1-\sqrt{2}, \ldots\right)$ j) $PG = (50, 40, 32, \ldots)$

210 Usando a fórmula da soma dos termos da PG infinita, determine a fração geratriz de cada uma das seguintes dízimas periódicas:

a) 0,666... b) $3,\overline{8}$ c) $12,\overline{3}$ d) $0,\overline{36}$ e) 1,4545...

f) 0,2444... g) $2,31\overline{54}$ h) $0,\overline{234}$ i) $1,2\overline{345}$ j) $0,\overline{9}$

k) $2,3\overline{9}$

211 Calcule o limite das expressões abaixo, quando o número de radicais tende ao infinito:

a) $\sqrt{2\sqrt{2\sqrt{2\sqrt{2}}}}\ldots$ b) $\sqrt[3]{5\sqrt[3]{5\sqrt[3]{5\sqrt[3]{5}}}}\ldots$ c) $\sqrt[4]{27\sqrt[4]{25\sqrt[4]{27\sqrt[4]{25}}}}\ldots$

(✓ Faça também os Exercícios de Fixação 225 → 262)

Exercícios de Fixação

212 Determine a razão e o terceiro termo da PG nos casos:

a) $(20, 30, \ldots)$ b) $\left(\frac{3}{2}, 1, \ldots\right)$

c) $\left(\sqrt{2}-1, \sqrt{2}+1, \ldots\right)$ d) $\left(\frac{x}{x+1}, \frac{x^2-x}{x^2+2x+1}, \ldots\right)$

213 Determine x de modo que a seqüência seja uma PG nos casos:
a) $(x + 6, x, x - 4)$
b) $(x + 1, x^2 - 3, 3x)$

214 Em cada caso temos uma PG. Sendo:

a) $a_1 = \dfrac{1}{8}$ e $q = \sqrt{2}$, determine a_{10}
b) $a_{20} = \left(\dfrac{2}{3}\right)^{16}$ e $q = \dfrac{2}{3}$, determine a_1

c) $a_7 = \dfrac{1}{27}$ e $a_{12} = 288$, determine q
d) $a_{10} = 192$ e $a_{14} = 972$, determine q

e) $a_7 = 2\sqrt{2}$ e $q = \sqrt[4]{8}$, determine a_{14}
f) $a_{13} = 4$ e $a_9 = \dfrac{1}{36}$, determine a_6

g) $a_m = 10368\sqrt{6}$, $a_n = 3\sqrt{2}$ e $q = 2\sqrt{3}$, determine m−n

215 Determine o número de termos da PG nos casos:

a) $\left(128, 192, \ldots, \dfrac{6561}{2}\right)$
b) $\left(2\sqrt{6}, 12\sqrt{3}, \ldots, 69984\sqrt{3}\right)$

216 Determine a razão da PG nos casos:

a) $a_{13} = 12$ e $a_{18} = 3456\sqrt{3}$
b) $a_p = 24$ e $a_{p+4} = 3072$
c) $a_3 \cdot a_7 = 6$ e $a_5 \cdot a_8 = 9$
d) $a_p = a^p$ e $a_n = a^n$, $a \neq 0$
e) $a_p = a^n$ e $a_n = a^p$, $a \neq 0$

217 Mostre que em uma PG:

a) Se $j + k = m + n$, com j, k, m, e n inteiros positivos, então $a_j \cdot a_k = a_m \cdot a_n$
b) Se $j + k = m + n + p$ e $a_j \cdot a_k = a_m \cdot a_n \cdot a_p$, então $a_1 = q$

218 Inserir (ou interpolar):

a) 6 meios geométricos entre 729 e $\dfrac{128}{3}$

b) 5 meios geométricos entre e $2\sqrt{6}$ e $11664\sqrt{6}$

219 Em uma PG infinita sabemos que $a_{16} \cdot a_{22} = k$. Determine:

a) $a_{10} \cdot a_{28}$ b) $a_1 \cdot a_{37}$ c) a_{19}^2

220 Mostre que a seqüência (x_n) é uma progressão geométrica nos casos:

a) $x_n = 2 \cdot 3^n$ b) $x_n = a \cdot b^n$

221 Qual número devemos somar aos termos da seqüência $(15, 9, 5)$ para obtermos uma PG?

222 O produto dos termos da PG $= (18, 12, 8, ..., a_n)$ é $2^{210} \cdot 3^{-150}$. Determine n.

223 Em cada caso temos uma PG. Dados:

a) $a_1 = 2$, $q = 2$, determine S_{10} b) $a_1 = 1$, $a_6 = 243$, determine S_9

c) $a_1 = 8$, $a_{12} = \dfrac{1}{256}$, determine S_8

224 Quantos termos, a partir do primeiro, devemos tomar da PG $(81, 54, ...)$ para que a soma deles seja $\dfrac{58025}{243}$?

225 Determinar a soma da PG infinita nos casos:

a) $\left(8, 2, \dfrac{1}{2}, \dfrac{1}{8}, ...\right)$ b) $(54, -36, 24, -16, ...)$ c) $(64, 48, 36, ...)$

226 Um triângulo tem perímetro 2p e área S. Considere um segundo triângulo cujos vértices são os pontos médios dos lados do primeiro, um terceiro cujos vértices são os pontos médios dos lados do segundo e assim sucessivamente. Determine:

a) a soma dos perímetros de todos esses triângulos
b) a soma das áreas de todos esses triângulos

227 Considere uma seqüência de quadrados, de modo que cada um, a partir do segundo, tenha para vértices os pontos médios dos lados do anterior. Sendo <u>a</u> o lado do primeiro quadrado, determine:

a) a soma dos perímetros desses quadrados
b) a soma das áreas desses quadrados

228 Determinar a geratriz da dízima periódica nos casos:
a) $1,0\overline{6}$ b) $1,12\overline{15}$

229 A soma dos infinitos termos de uma PG é $\frac{3}{5}$ e a soma dos 4 primeiros termos é $\frac{13}{27}$. Ache o primeiro termo e a razão desta PG.

230 Ache os 4 primeiros termos de uma PG alternante cujo primeiro termo excede o segundo em 35 e o terceiro excede o quarto em 560.

231 Escrever os primeiros termos de uma PG na qual $a_3-a_1=9$ e $a_5-a_3=36$.

232 Três números formam uma progressão geométrica. O quadrado do segundo é 100 e a soma do primeiro com o terceiro é 52. Determine esses números.

233 Achar uma PG de 4 termos na qual a soma dos extremos é 27 e o produto dos meios é 72.

234 Três números formam uma PG. Se aumentarmos o segundo em 2, os três números obtidos formam uma PA. Agora se aumentarmos o terceiro em 9, obtemos novamente uma PG. Ache esses números.

235 Determine uma progressão geométrica na qual a soma do cinco primeiros termos é 31 e a soma do segundo ao sexto é 62.

236 Em uma PG de 5 termos, a soma dos 4 primeiros termos é 13 e dos 4 últimos é 19,5. Determine os extremos.

237 Ache o primeiro termo e a razão de uma PG de 9 termos se o produto dos extremos é 2304 e a soma do quarto com o sexto é 120.

238 Três números formam uma PG. A soma deles é 126 e o produto deles é 13824. Ache esses números.

239 Em uma PG com um número par de termos a soma de todos os termos é igual ao triplo da soma dos termos de ordem ímpar. Ache a razão desta PG.

240 Dada a progressão geométrica,

$\left(\dfrac{\sqrt{2}+1}{\sqrt{2}-1}, \dfrac{1}{2-\sqrt{2}}, \dfrac{1}{2}, \ldots\right)$ calcule o limite da soma dos seus termos.

241 Simplifique a expressão $(4\sqrt{3}+8)\left[\sqrt{3}(\sqrt{3}-2)+\dfrac{3-2\sqrt{3}}{\sqrt{3}}+\dfrac{\sqrt{3}-2}{\sqrt{3}}+\ldots\right]$
sabendo que os termos entre colchetes formam uma PG.

242 Ache a soma dos infinitos termos de uma PG decrescente de termos positivos cujo primeiro é 4 e a diferença entre o terceiro e o quinto é $\dfrac{32}{81}$

243 Ache a soma dos infinitos termos de uma PG decrescente sabendo que a soma do primeiro com o quarto termos é 54 e a soma do segundo com o terceiro é 36.

244 Em uma PG infinita decrescente a soma dos termos de índices ímpares é 36 e a soma dos termos de índices pares é 12. Ache essa progressão.

245 A soma dos termos de um PG infinita decrescente é 56 e a soma dos quadrados dos seus termos é 448. Ache o primeiro termo e a razão.

246 Ache uma PG infinita decrescente cujo segundo termo é 6 e a soma dos termos é $\dfrac{1}{8}$ da soma dos quadrados dos termos.

247 A soma dos termos de uma PG infinita decrescente é igual a 3 e soma dos cubos dos termos é $\dfrac{108}{13}$. Ache essa progressão.

248 Ache o número de termos de uma PG onde o primeiro termo é 3, o último é 96 e a soma dos termos é 189

249 Determinar o primeiro termo, a razão e o número de termos de uma PG onde $a_6-a_4=216$, $a_3-a_1=8$ e $S_n=1093$.

250 Ache uma seqüência de 4 termos sabendo que os três primeiros formam uma PG, os três últimos uma PA, a soma dos extremos é 21 e a soma dos meios é 18.

251 Três números, cujo terceiro é 12, formam uma PG decrescente. Se o 12 for substituido por 9, então eles formarão uma PA. Ache os dois primeiros números.

252 O segundo termo de uma PA é 14 e o terceiro é 16. Determine uma PG cuja razão é igual a razão da PA e cuja soma dos 3 primeiros termos é igual em ambas as progressões.

253 O primeiro termo de uma PA e o primeiro de um PG, são ambos iguais a 3 e os terceiros termos dessas duas seqüências são iguais. Escrever essas progressões se o segundo termo da PA excede em 6 o segundo termo da PG.

254 O primeiro, terceiro e quinto termos de uma PG são o primeiro, quarto e décimo sexto termos de uma PA. Determine o quarto termo desta progressão aritmética, sabendo-se que o primeiro é 5.

255 Três números, cuja soma é 93, formam uma PG. Esses números são o primeiro, segundo e sétimo termos de uma PA. Ache esses números.

256 Em uma PA o primeiro termo é 1 e a soma dos 7 primeiros termos é 2555. Ache o termo médio de uma PG de 7 termos se o primeiro e último são iguais aos correspondentes termos dessa PA.

257 A soma de 3 números que formam uma PA é 15. Se 1, 4 e 19 são somados a eles, respectivamente, obtém-se 3 números que formam um PG. Determinar os 3 números.

258 Três números formam uma PG e a soma deles é 26. Ache esses números sabendo que se 1, 6 e 3 são somados, respectivamente a eles, eles passam a formar uma PA.

259 Três números formam uma PG. Se diminuirmos 64 do terceiro, os três passam a formar uma PA e se subtrairmos 8 do segundo termo desta PA, os três números voltam a formar uma PG. Determine esses números.

260 Pode uma seqüência de 3 termos ser uma PA e uma PG simultaneamente?

261 Determinar a soma dos n primeiros termos da seqüência nos casos:

a) (5,55,555,5555,...)   b) (3,44,333,4444,33333,444444,...) onde n é par

262 Resolver as seguintes equações:

a) $x + \dfrac{x}{2} + \dfrac{x}{4} + ... = x^2$ b) $81x + 54x + 36x + ... = 486 - 243x^2$

c) $250x^2 - 200x^2 + 160x^2 - 128x^2 + ... = 1250$

d) $x + x^2 + x^3 + x^4 + ... = 4x, \; 0 \le x < 1$

e) $4^{x+x^2+x^3+...} = 2\sqrt[3]{2}, \; |x| < 1$ f) $x^2 - 1 + x - 1 + \dfrac{x-1}{x+1} + ... = \dfrac{3}{2}, \; x > 0$

g) $x - x^2 + \dfrac{x}{2} - x^3 + \dfrac{x}{4} - x^4 + ... = \dfrac{1}{2}, \; |x| < 1$

Exercícios Suplementares

263 Se a soma dos termos de uma PG infinita é 4 e a soma dos cubos dos seus elementos é 192, ache o primeiro termo e a razão desta PG.

264 Ache 4 números sabendo que os 3 primeiros formam uma PA, os 3 últimos uma PG, a soma do primeiro com o quarto é 66 e a soma do segundo com o terceiro é 60.

265 A soma dos 3 primeiros termos de uma PG é 91. Somando 25, 27 e 1 a esses termos, respectivamente, obtemos 3 números que formam uma PA. Ache o sétimo termo da PG

266 Ache um número de 3 algarismos cujos dígitos formam uma PG, sabendo que subtraindo 792 desse número obtemos um número com os mesmos dígitos, escritos em ordem inversa e subtraindo 4 do algarismo das centenas, do número procurado, porém mantendo os outros dois dígitos, obtemos um número cujos algarismos formam uma PA.

267 Uma quantia de dinheiro é dividida entre três irmãos, em partes proporcionais as suas idades. Os números que expressam suas idades formam uma PG. Se essa quantia for dividida daqui a três anos, o mais novo receberá Cr$ 105,00 a mais do que recebeu e o irmão do meio Cr$ 15,00 a mais do que recebeu. Qual a idade de cada um se o mais velho tem 15 anos mais que o mais novo?

268 Determine o quinto termo de uma PG infinita decrescente se a soma de todos os termos é 9 e a soma dos quadrados de todos os termos é $\frac{81}{2}$.

269 A soma dos termos de uma PG infinita decrescente é $\frac{16}{3}$. Um dos termos da PG é $\frac{1}{6}$ e a razão entre a soma dos termos que o precedem e a soma dos termos que o sucedem é 30. Que termo desta progressão é o $\frac{1}{6}$?

270 Três números formam uma PG. Se 4 for subtraído do terceiro número, então eles formam uma PA. Se 1 for subtraído do segundo e terceiro termos da PA obtida, obtém-se uma PG novamente. Ache esses números.

271 As porcentagens, por peso, de álcool em 3 soluções formam uma PG. Se misturarmos a 1ª, 2ª e 3ª soluções na razão, dos pesos, 2:3:4, obtemos uma solução contendo 32% de álcool. Se as misturarmos na razão 3:2:1, a mistura contém 22% de álcool. Qual a porcentagem de álcool em cada solução?

272 Ache os números reais x e y de modo que (x, x+2y, 2x+y) seja uma PA e $\left([y+1]^2, xy+5, [x+1]^2\right)$ seja uma PG.

273 Determine uma PG onde a soma dos 4 primeiros termos é 15 e a soma dos quadrados desses 4 termos é 85.

274 Se três números formam um PG e expressam as medidas dos lados de um triângulo, determine os valores que a razão dessa PG pode assumir.

275 De um tanque que contém 729 litros de ácido são retirados $\underline{a}$ litros de ácido e são colocados em seguida $\underline{a}$ litros de água. Após a mistura ser agitada, para ficar homogênea, são retirados $\underline{a}$ litros da mistura e colocados, em seguida, $\underline{a}$ litros de água. Este procedimento é feito por 6 vezes e então observa-se que na mistura resultante no tanque há 64 litros de ácido. Determine $\underline{a}$.

276 Determine x, y, z, sabendo que $2x^4 = y^4 + z^4$, $xyz = 8$ e que $(\log_y x, \log_z y, \log_x z)$ é PG.

277 Sendo x_1 e x_2 as raízes da equação $x^2-3x+A=0$ e x_3 e x_4 as raízes da equação $x^2-12x+B=0$ e sabendo que (x_1,x_2,x_3,x_4) é PG, determine A e B.

278 Em uma cuba contendo água pura, são adicionados 6 litros de uma solução de 64% (em volume) de álcool, sendo o restante água. Após a mistura, uma quantidade igual (6 litros) de solução é retirada. Quanta água havia originalmente na cuba, se após realizar essa operação 3 vezes, a cuba passou a conter uma solução com 37% (em volume) de álcool e o restante água?

279 Em uma PG $(a_1,a_2,a_3,...)$ temos que $a_{m+n}=A$ e $a_{m-n}=B$. Achar a_m e a_n, sendo $a \neq 0$.

280 Dada a soma S_n dos n primeiros termos de uma progressão geométrica e a soma S'_n dos inversos desses termos, achar o produto dos n primeiros termos da PG.

281 Sendo $(a_1,a_2,a_3,...)$ uma PG, simplifique as seguintes expressões:

a) $S_1+S_2+S_3+...+S_n$ b) $\dfrac{1}{a_1^2-a_2^2}+\dfrac{1}{a_2^2-a_3^2}+...+\dfrac{1}{a_{n-1}^2-a_n^2}$

c) $\dfrac{1}{a_1^k+a_2^k}+\dfrac{1}{a_2^k+a_3^k}+...+\dfrac{1}{a_{n-1}^k+a_n^k}$

282 Ache a soma $S=\left(x+\dfrac{1}{x}\right)^2+\left(x^2+\dfrac{1}{x^2}\right)^2+...+\left(x^n+\dfrac{1}{x^n}\right)^2$

283 Seja S_n a soma dos n primeiros termos de uma PG, com $S_n \neq 0$ e $q \neq 0$. Demonstre que $\dfrac{S_n}{S_{2n}-S_n}=\dfrac{S_{2n}-S_n}{S_{3n}-S_{2n}}$

284 Demonstrar que os números 49, 4489, 444889,..., que são obtidos colocando o 48 no meio do número anterior, são quadrados de números inteiros.

285 Prove que se a, b e c são, respectivamente o p–ésimo, m–ésimo e n–ésimo termos de uma PA e uma PG, simultaneamente, então $a^{b-c}.b^{c-a}.c^{a-b}=1$.

286 Na PG $=(1, q, q^2, q^3, ..., q^n,...)$ infinita, com $-1<q<1$, a razão entre um termo qualquer e a soma de todos os termos que o sucedem é igual a uma constante $k \in R$. Para que valores de k é possível este problema?

Capítulo 4

Complementos

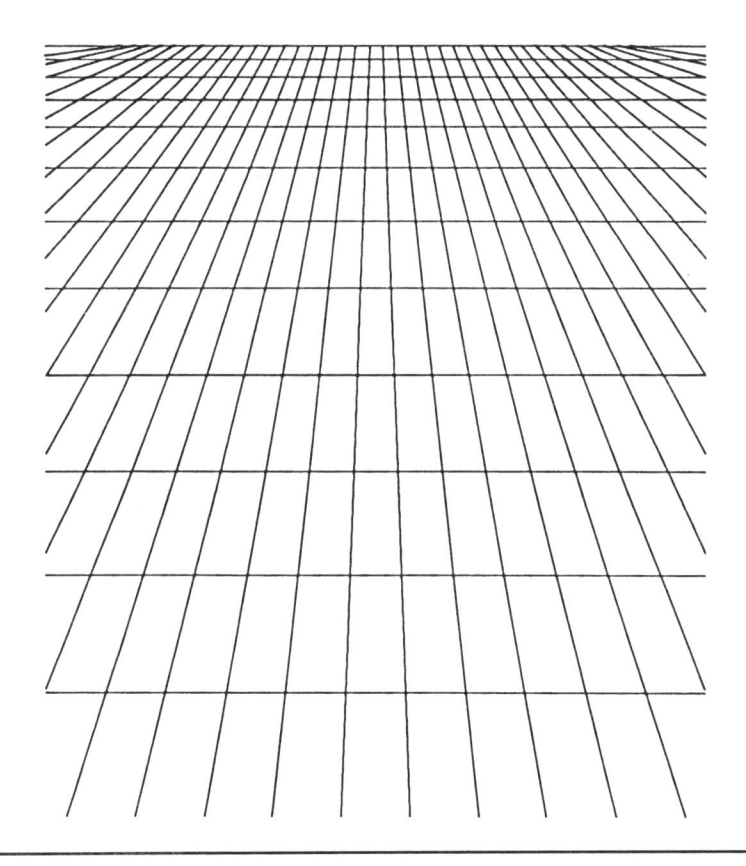

A – Progressões Harmônicas (PH)

A.1 – Introdução

Tomemos dois números reais positivos a, b e calculemos suas médias aritmética, geométrica e harmônica:

$m_A = \dfrac{a+b}{2}$ (média aritmética)

$m_G = \sqrt{ab}$ (média geométrica)

$\dfrac{1}{m_H} = \dfrac{\dfrac{1}{a}+\dfrac{1}{b}}{2} \Rightarrow \dfrac{1}{m_H} = \dfrac{\dfrac{b+a}{ab}}{2} \Rightarrow$

$\Rightarrow m_H = \dfrac{2ab}{a+b}$ (média harmônica)

Como exemplo, calculemos as médias dos números a = 4 e b = 9:

$m_A = \dfrac{4+9}{2} = 6{,}5$

$m_G = \sqrt{4.9} = 6$

$m_H = \dfrac{2.4.9}{4+9} = \dfrac{72}{13} \cong 5{,}54$

A.2 – Definição

"Dizemos que a seqüência $f=(a_1, a_2, a_3, \ldots, a_{n-1}, a_n, a_{n+1}, \ldots)$, de termos não nulos, é uma progressão harmônica (PH) se, e somente se, a seqüência $\left(\dfrac{1}{a_1}, \dfrac{1}{a_2}, \dfrac{1}{a_3}, \ldots, \dfrac{1}{a_{n-1}}, \dfrac{1}{a_n}, \dfrac{1}{a_{n+1}}, \ldots\right)$ for uma progressão aritmética (PA)".

Observação: uma progressão harmônica pode, também, ser definida pela seguinte lei de recorrência: $\begin{cases} a_1 = a\,(a \in \mathbb{R}^*) \\ \dfrac{1}{a_n} = \dfrac{1}{a_{n-1}} + r \quad (n \geq 2) \end{cases}$

onde r é uma constante real.

De fato, se a seqüência g é uma PA, temos:

$$\frac{1}{a_n} = \frac{\frac{1}{a_{n-1}} + \frac{1}{a_{n+1}}}{2} \Rightarrow a_n = \frac{2a_{n-1} \cdot a_{n+1}}{a_{n-1} + a_{n+1}}$$

e, portanto, na seqüência f, o termo genérico a_n é média harmônica de seus vizinhos (antecessor e sucessor).

Note-se que, tomando os termos genéricos a_n e b_n, respectivamente da PH e da PA correspondentes, podemos escrever:

$$a_n = \frac{1}{b_n} \quad e \quad b_n = \frac{1}{a_n}$$

Exercícios

287 Em cada uma das progressões harmônicas seguintes, determine o termo que está faltando:

a) $PH = \left(4, \frac{12}{5}, a_3\right)$ b) $PH = \left(-\frac{1}{3}, a_2, \frac{1}{5}\right)$

c) $PH = \left(a_1, -\frac{10}{3}, -\frac{5}{2}\right)$

288 Completar a PH de 4 termos $\left(\frac{1}{3}, a_2, \frac{2}{3}, a_4\right)$ e, a seguir, calcular a soma dos seus termos.

289 Determine o 6º termo da $PH = \left(\sqrt{2}+1, \sqrt{2}-1, \ldots\right)$.

290 Determine o 2º e o 5º termos de uma PH em que $a_1 = \frac{1}{2}$ e $a_7 = \frac{1}{20}$.

291 Determine o 1º termo da progressão harmônica em que $a_8 = 6$ e $a_9 = 4$.

292 Determine o número de termos da PH finita $\left(\frac{12}{11}, \frac{8}{5}, \ldots, -\frac{1}{2}\right)$.

293 Dada a progressão harmônica $(a_1, a_2, a_3, ... , a_n)$, determine uma fórmula que dê o valor do termo geral a_n em função de a_1, a_2 e n.

294 Determine o primeiro termo da PH em que $a_3 = \dfrac{-3}{2}$ e $a_{10} = \dfrac{1}{4}$.

295 Determine $x \in R$ de modo que $\left(x-2, \dfrac{2x}{x-1}, \dfrac{2x}{x+1}\right)$ seja uma progressão harmônica.

296 Interpolar 6 meios harmônicos entre $\dfrac{2}{5}$ e $\dfrac{4}{3}$.

297 Mostre que se (x^2, y^2, z^2) é uma PA então $(y+z, x+z, x+y)$ é uma PH, onde $x, y, z \in R_+^*$.

298 Mostre que se (x, y, z) é uma PH então $\left(\dfrac{x(y+z)}{x+y+z}, \dfrac{y(x+z)}{x+y+z}, \dfrac{z(x+y)}{x+y+z}\right)$ é uma PA.

B – Progressões Aritmético-Geométricas (PAG)

B.1 – Definição

Dados os números reais α, r e q, chamamos progressão aritmético–geométrica (PAG) à seqüência:

$$PAG = (\alpha, (\alpha+r)q, (\alpha+2r)q^2, (\alpha+3r)q^3, (\alpha+4r)q^4, ...)$$

B.2 – Observações

1a.) Note que r é a razão da PA = $(\alpha, \alpha+r, \alpha+2r, ...)$ e q é a razão da PG = $(1, q, q^2, q^3, ...)$, daí o nome "progressão aritmético–geométrica".

2a.) Se fizermos $a_1 = \alpha$, podemos concluir que o termo geral a_n dessa seqüência é dado pela expressão

$$\boxed{a_n = [a_1 + (n-1)r].q^{n-1}}$$

o que pode ser facilmente demonstrado por indução finita.

Exercícios

299 Escrever, em cada caso, os 5 primeiros termos das PAGs definidas por:

a) $a_1 = -4, r = 3, q = 2$ b) $a_1 = 10, r = -6, q = 3$ c) $a_1 = 1, r = 2, q = \frac{1}{2}$

d) $a_1 = 5, r = -2, q = \frac{1}{3}$ e) $a_1 = 1, r = 1, q = \frac{1}{2}$ f) $a_1 = 1, r = -1, q = -\frac{1}{2}$

g) $a_1 = 1, r = 1, q = -\frac{1}{3}$

300 Determine a expressão do termo geral (a_n) de cada uma das PAGs do exercício anterior e determine o 10º termo dessas PAGs.

301 Calcule os limites das somas seguintes quando o número de termos tende ao infinito:

a) $S = 1 + \frac{3}{2} + \frac{5}{4} + \frac{7}{8} + \frac{9}{16} + \ldots$

b) $S = 5 + \frac{3}{3} + \frac{1}{9} - \frac{1}{27} - \frac{3}{81} - \ldots$

c) $S = 1 + \frac{2}{2} + \frac{3}{4} + \frac{4}{8} + \frac{5}{16} + \ldots$

d) $S = 1 - \frac{2}{2} + \frac{3}{4} - \frac{4}{8} + \frac{5}{16} - \ldots$

e) $S = 1 + 0 \cdot \left(-\frac{1}{2}\right) + (-1) \cdot \left(-\frac{1}{2}\right)^2 + (-2) \cdot \left(-\frac{1}{2}\right)^3 + (-3) \cdot \left(-\frac{1}{2}\right)^4 + \ldots$

f) $S = 1 - \frac{2}{3} + \frac{3}{9} - \frac{4}{27} + \frac{5}{81} - \ldots$

302 Calcule a soma dos n primeiros termos das PAGs seguintes:

a) PAG = $(-4, -2, 8, 40, 128, \ldots)$ onde $q = 2$ e $r = +3$
b) PAG = $(10, 12, -18, -216, \ldots)$ onde $q = 3$ e $r = -6$

303 Calcule o limite da soma $S_n = 2 + \frac{5}{x^2} + \frac{8}{x^4} + \frac{11}{x^6} + \ldots$ quando o número de termos tende ao infinito sabendo que $x \in R \mid x < -1$.

304 Calcule $\lim_{n\to\infty} S_n$ sendo $S_n = 3x^2 - 5x^3 + 7x^4 - 9x^5 + 11x^6 +...$ onde $x \in R \mid -1 < x < 1$.

305 Ache a soma nos casos:
a) $S = 1 + 2.2 + 3.2^2 + 4.2^3 + 5.2^4 + ... + 100.2^{99}$
b) $S = 1 + 2x + 3x^2 + 4x^3 + ... + (n+1)x^n$
c) $S = nx + (n-1)x^2 + ... + 2x^{n-1} + 1x^n$
d) $S = \dfrac{1}{2} + \dfrac{3}{2^2} + \dfrac{5}{2^3} + ... + \dfrac{2n-1}{2^n}$

C – Progressões Geométrico–Aritméticas (PGA)

C.1 – Definição

Dados os números reais α, r e q, chamamos progressão geométrico-aritmética (PGA) à seqüência:
$$PGA = (\alpha,\ \alpha q + r,\ \alpha q^2 + 2r,\ \alpha q^3 + 3r, ...)$$

C.2 – Termo geral da PGA

Sendo $a_1 = \alpha$
$a_2 = a_1 \cdot q + r$
$a_3 = a_1 \cdot q^2 + 2r$
$a_4 = a_1 \cdot q^3 + 3r$, concluímos que

$$a_n = a_1 \cdot q^{n-1} + (n-1) \cdot r$$

o que pode ser facilmente demonstrado por indução finita.

Exercícios

306 Escrever, em cada caso, os 5 primeiros termos das PGAs, definidas por:

a) $a_1 = -4,\ q = 2,\ r = 3$ b) $a_1 = 100,\ q = \dfrac{1}{2},\ r = 2$ c) $a_1 = 54,\ q = \dfrac{1}{3},\ r = -2$

307 Determine o 8º termo de cada uma das seguintes PGAs definidas por:

a) $a_1 = \dfrac{1}{243}$, q = 3, r = –6

b) $a_1 = 256$, $q = \dfrac{1}{2}$, r = 1

c) $a_1 = 729$, $q = -\dfrac{1}{3}$, $r = \dfrac{1}{3}$

308 Calcule a soma dos 7 primeiros termos das seguintes PGAs:

a) $PGA = \left(48,\ 48.\dfrac{1}{2}-3,\ 48.\left(\dfrac{1}{2}\right)^2 - 2.3,...\right)$

b) $PGA = \left(\dfrac{1}{4},\ \dfrac{1}{4}.(-2)+1,\ \dfrac{1}{4}.(-2)^2 + 2.1,...\right)$

c) $PGA = \left(729,\ 729\left(-\dfrac{1}{3}\right)-\dfrac{2}{3},\ 729.\left(-\dfrac{1}{3}\right)^2 - 2.\dfrac{2}{3},...\right)$

Testes e Questões de Vestibulares

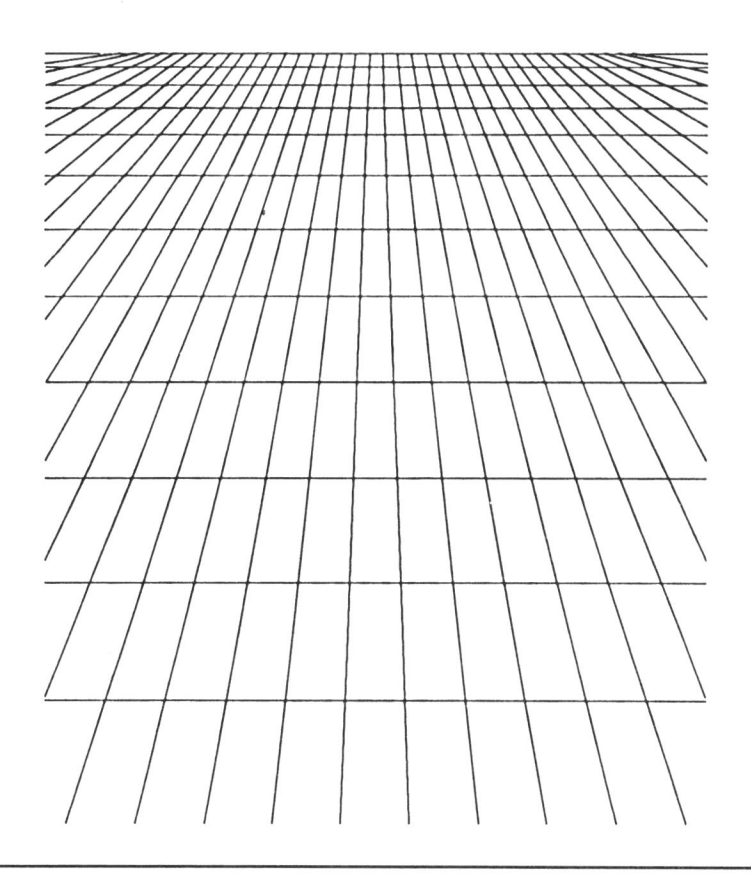

Capítulo 1 – Seqüências

V.1 (CESGRANRIO-RJ-78) Os termos da sucessão $a_1, a_2, a_3, ..., a_n...$ estão relacionados pela fórmula $a_{n+2} = 2a_n + a_{n+1}$ onde, $n = 1, 2, 3...$ Se $a_1 = a_2 = 1$, então a_5 é:
a) 0   b) 1   c) 6   d) 11   e) 21

V.2 (PUC-79) Somando os n primeiros termos da seqüência $(1, -1, 1, -1, ...)$, encontramos:
a) n   b) $-n$ c) 0   d) 1
e) 0 quando n é par; 1 quando n é ímpar

V.3 (PUC-SP-80) Na seqüência $(1, 1, 2, 3, ...)$, onde $a_{n+1} = a_n + a_{n-1}$, o oitavo termo é:
a) 20   b) 21   c) 18   d) 19   e) 17

V.4 (UNIV.EST.CE-80) Considere a seqüência de números reais definida por

$$a_n = \begin{cases} \dfrac{n+1}{2}, \text{ se } n \text{ é ímpar} \\ a_{n-1}, \text{ se } n \text{ é par} \end{cases} \in \{1, 2, 3, ...\}$$

Então o produto dos seis primeiros termos da seqüência é igual a:
a) 48   b) 30   c) 36   d) 42

V.5 (Santa Casa-80) A sucessão S dos números $1, 5, 13, 25 ... a_k, ...$ possui a propriedade de que as diferenças $d_k = a_{k+1} - a_k$, com $K = 1, 2, 3, ...$, formam uma progressão aritmética. O 30º termo da sucessão S é:
a) 120   b) 117   c) 871   d) 1741
e) impossível de ser calculado.

V.6 (FATEC-SP-80) Consideremos as seqüências:

$A = (a_n)_n \in N^*$
$B = (b_n)_n \in N^*$

definidas respectivamente por:

$a_n = n(n + 2), \forall n \in N^*$
$b_n = 2n + 1, \forall n \in N^*$

Exercícios de Matemática - vol 3

Os elementos comuns a A e B formam uma nova seqüência, crescente, cujo vigésimo primeiro termo é:
a) –1 ou 1   b) 45   c) 528   d) 1.763   e) 1.935

V.7 (PUC-SP-81) A seqüência $(a_1, a_2, ..., a_n, ...)$ é tal que $a_1 = 1$ e $a_{n+1} = a_n + 2n + 1$. Qual o valor de $\sqrt{a_5}$?
a) 3   b) 5   c) $5\sqrt{5}$ d) $\sqrt{5}$ e) $\sqrt{24}$

Capítulo 2 – Progressões Aritméticas

V.8 (CESCEA-73) A soma dos n primeiros termos de uma P.A. é $n^2 + 4n$. Então, o termo geral desta P.A. é:
a) $5 + 2n$ b) $2n + 3$ c) $n + 4$ d) não sei

V.9 (GV-73) Um automóvel percorre no primeiro dia de viagem uma certa distância x; no segundo dia percorre o dobro do que percorreu no primeiro dia; no terceiro dia percorre o triplo do 1º dia; e assim sucessivamente. Ao final de 20 dias percorreu uma distância de 6.300 km. A distância percorrida no primeiro dia foi de:
a) 15 km   b) 30 km   c) 20 km   d) 25 km   e) 35 km

V.10 (GV-73) A soma do 4º e 8º termos de uma P.A. é 20; o 31º termo é o dobro do 16º termo. Determine a P.A.
a) : –5, –2, 1, ...   b) : 5, 6, 7, ...   c) : 0, 2, 4, ...
d) : 0, 3, 6, 9, ...   e) : 1, 3, 5, ...

V.11 (CESCEM-SP-76) O 3º termo c da P.A. (a;b;c) é:
a) $2b - a$ b) $a + 2b$ c) $2a + b$ d) $2(b - a)$ e) $a + b$

V.12 (CESESP-PE-76) A soma dos n primeiros termos da seqüência $\dfrac{1+n^2}{n}, \dfrac{2+n^2}{n}, \dfrac{3+n^2}{n}, ...$ é igual a 28, quando n for igual a:
a) 3   b) 8   c) 5   d) –3   e) 12

V.13 (MACK-SP-76) O valor de x para que log2, log($2^x - 1$), log($2^x + 3$), nessa ordem, sejam termos consecutivos de uma progressão aritmética é:
a) $\log_2 3$ b) $\log_2 5$ c) $\log_2 7$ d) 3   e) inexistente

V.14 (GV-SP-76) A soma do segundo e do quarto termos de uma progressão aritmética é 40. Sabendo-se que a razão é igual a $\frac{3}{4}$ do primeiro termo, a soma dos 10 primeiros termos será:
a) 310   b) 380   c) 320   d) 350   e) 360

V.15 (MACK-SP-76) O valor de x, tal que os números 2x, 3x e x^2 sejam termos consecutivos e distintos de uma progressão aritmética, é:
a) racional e maior que 10
b) inteiro e múltiplo de 3
c) inteiro e divisor de 12
d) um número primo
e) inexistente

V.16 (CESCEM-77) As medidas dos lados de um triângulo são expressos por $x + 1$, $2x$, $x^2 - 5$ e estão em P.A., nesta ordem. O perímetro do triângulo mede:
a) 8   b) 12   c) 15   d) 24   e) 33

V.17 (CESCEM-77) O primeiro termo de uma progressão aritmética é -10 e a soma dos oito primeiros termos 60. A razão é
a) $-\frac{5}{7}$ b) $\frac{15}{7}$ c) 5   d) 28   e) 35

V.18 (GV-77) A soma dos primeiros n termos de uma progressão aritmética é $(n + 2)2n$. Se o termo de ordem n é tal que $20 < a_n < 26$, então n vale:
a) 5   b) 4   c) 3   d) 2   e) 6

V.19 (UBDF-78) Numa progressão aritmética de n termos, com $n > 1$, a soma dos k primeiros termos é dada pela fórmula:
$$S_k = \frac{5}{2}k^2 + \frac{7}{2}k \quad \text{para todo K, } 1 \leq k \leq n.$$
Então, a razão dessa progressão:
a) é 4
b) é 5
c) não pode ser determinada
d) é calculável, mas não é 4 nem 5

V.20 (MACK-79) Se os ângulos internos de um triângulo estão em P.A. e o menor deles é a metade do maior, então o maior mede:
a) 40°　　b) 50°　　c) 60°　　d) 70°　　e) 80°

V.21 (MACK-79) Se os ângulos internos de um triângulo estão em progressão aritmética, então um deles necessariamente mede:
a) 10°　　b) 20°　　c) 30°　　d) 60°　　e) 40°

V.22 (MACK-79) O trigésimo primeiro termo de uma progressão aritmética de primeiro termo 2 e razão 3 é:
a) 63　　b) 65　　c) 92　　d) 95　　e) 98

V.23 (MACK-79) A soma dos n primeiros termos de uma P.A. é $S_n = 3n(n-2)$, para todo n. O 5º termo da P.A. é:
a) 3　　b) 9　　c) 15　　d) 21　　e) 45

V.24 (PUC-79) Três números positivos estão em progressão aritmética. A soma deles é 12 e o produto 18. O termo do meio é:
a) 2　　b) 6　　c) 5　　d) 4　　e) 3

V.25 (PUC-79) Os números que exprimem o lado, a diagonal e a área de um quadrado estão em P.A. nessa ordem. O lado do quadrado mede:
a) $\sqrt{2}$　　b) $2\sqrt{2}-1$　　c) $1+\sqrt{2}$　　d) 4　　e) $2\sqrt{2}$

V.26 (CESGRANRIO-79) O primeiro termo a de uma progressão aritmética de razão 13 satisfaz $0 \le a \le 10$. Se um dos termos da progressão é 35, o valor de a é:
a) 7　　b) 8　　c) 9　　d) 10　　e) 3

V.27 (EAESP-FGV-1º-SEMESTRE-79) Quantos termos devemos tomar na progressão aritmética –7, –3, , ..., a fim de que a soma valha 3150.
a) 41　　b) 42　　c) 40　　d) 39　　e) 43

V.28 (ITA-79) Um lado de um triângulo ABC mede l cm. Os valores dos ângulos e dos lados do triângulo formam duas progressões aritméticas. A área S desse triângulo é:

a) $l^2(\sqrt{3}+1)\text{cm}^2$; b) $l^2(\sqrt{3}-1)\text{cm}^2$; c) $l^2\sqrt{3}\text{cm}^2$;

d) $\dfrac{l^2\sqrt{3}}{4}\text{cm}^2$; e) n.d.a.

V.29 (CESGRANRIO-80) Um quadrado ABCD de lado l tem cada um de seus lados dividido em 9 partes iguais. Ligando-se com segmentos de reta os pontos de divisão, segundo a direção da diagonal AC, obtém-se o hachurado mostrado na figura. A soma dos comprimentos dos 17 segmentos assim obtidos é:

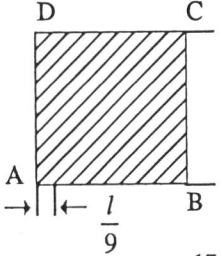

a) $9\sqrt{2}l$ b) $\dfrac{9\sqrt{2}}{2}l$ c) $\dfrac{17\sqrt{2}}{4}l$ d) $8\sqrt{2}l$ e) $\dfrac{17\sqrt{2}}{2}l$

V.30 (CESGRANRIO-80) Em uma progressão aritmética de 41 termos e de razão 9, a soma do termo do meio com o seu antecedente é igual ao último termo. Então, o termo do meio é:
a) 369 b) 189 c) 201 d) 171 e) 180

V.31 (Santa Casa-80) O valor de K tal que $\sum_{n=2}^{K}(2n+3)=55$ é:
a) 10 b) 5 c) 3 d) 2 e) n.d.a

V.32 (EAESP-FGV-80) A soma dos 50 primeiros termos de uma PA na qual $a_6 + a_{45} = 160$, é:
a) 3.480 b) 4.000 c) 4.200 d) 4.320 e) 4.500

V.33 (PUC-RS-80) As medidas dos ângulos internos de um triângulo estão em progressão aritmética de razão 20°. O menor ângulo desse triângulo mede
a) 30° b) 40° c) 50° d) 60° e) 80°

V.34 (MACKENZIE-80) Se $A = 1^2 - 2^2 + 3^2 - 4^2 + 5^2 - 6^2 + ... + 99^2 - 100^2$, então $\dfrac{A}{10}$ é igual a:
a) −505 b) −5050 c) 505 d) 5050 e) −100

V.35 (ITA-SP-80) Considere a progressão aritmética $(x_1, x_2, ..., x_n)$ de n termos, $n \geq 2$, cuja soma de seus termos é k. A soma da seqüência dos n valores $y_1, y_2, ..., y_n$ definida por $y_j = ax_j + b$, $i = 1, 2, 3, ..., n$ onde a e b são números reais com a $\neq$ 0, é dada por:
a) k   b) ak + b   c) ak + nb   d) a^n . k + nb   e) a^n . K

V.36 (MACK-81) Para $y > 0$ e $0 < x \neq 1$, $\log_x y = 2$. A seqüência $(2x, 4, y)$ é uma P.A.. Os valores de x e y são tais que:
a) xy = 16   b) x + y = 4   c) $x^y = 16$ d) $\sqrt{xy} = 2$ e) $y^x = 4^8$

V.37 (U.E.CE-81) Numa progressão aritmética crescente, os dois primeiros termos são as raízes da equação $x^2 - 10x + 24 = 0$. Sabendo-se que o número de termos é igual ao dobro do segundo termo, então a soma dos termos desta progressão é igual a:
a) 176   b) 178   c) 180   d) 182

V.38 (MACKENZIE-SP-82) Se f(n), $n \in N$, é uma seqüência definida por:
$$\begin{cases} f(0) = 1 \\ f(n+1) = f(n) + 3 \end{cases}$$ então, f(200) é:
a) 597   b) 600   c) 601   d) 604   e) 607

V.39 (CESGRANRIO-82) Se X = (1 + 3 + ... + 49) é a soma dos ímpares de 1 a 49, se Y = (2 + 4 + ... + 50) é a soma dos pares 2 a 50, então X − Y vale:
a) −50   b) −25   c) 0   d) 25   e) 50

V.40 (FATEC-SP-83) Em uma PA (progressão aritmética) a soma do 3º com o 7º termo vale 30 e a soma dos 12 primeiros termos vale 216. A razão dessa PA é:
a) 0,5   b) 1   c) 1,5   d) 2   e) 2,5

V.41 (MACKENZIE-SP-83) Numa progressão aritmética, onde $a_9 + a_{37} = 94$, a soma dos 45 primeiros termos é:
a) 2092   b) 2115   c) 2025   d) 2215   e) 2325

V.42 (F.OBJETIVO-SP-84) A seqüência $(a_1, a_2, a_3, ..., a_n, ...)$ é uma progressão aritmética sendo $a_1 = 2$ e $a_3 = 8$. O valor de $\sum_{i=1}^{30} a_{2i}$ é:
a) 2670   b) 2760   c) 5340   d) 5430   e) 6410

V.43 (ITA-84) Os coeficientes do trinômio $x^2 + bx + c$ constituem, nesta ordem, uma progressão aritmética de razão não nula $r = \dfrac{q}{2}$, onde q é a razão da progressão aritmética $b^2 - 1$, $c^2 - b^2$. Nestas condições podemos afirmar que o trinômio apresenta:
a) uma raiz nula.
b) duas raízes reais distintas.
c) duas raízes iguais.
d) duas raízes complexas
e) nenhuma raiz.

V.44 (U.F.PA-85) Três números estão em PA. A soma destes números é 15 e o seu produto 105. Qual é a diferença entre o maior e o menor?
a) 4   b) 5   c) 6   d) 7   e) 8

V.45 (CESGRANRIO-85) A soma dos n primeiros termos de uma sucessão é dada por $s_n = n(n + 1)$. Então o 20º termo da sucessão é:
a) 420   b) 380   c) 60   d) 40   e) 20

V.46 (PUC-RS-85) Numa progressão aritmética, o termo geral é $a_n = 3n + 2$. A soma dos 20 primeiros termos é:
a) 62   b) 67   c) 310   d) 620   e) 670

V.47 (CESGRANRIO-86) Numa progressão aritmética, a soma do 3º termo com o 17º é 74 e a do 8º com o 20º é 98. A razão da progressão é:
a) $\dfrac{1}{5}$ b) $\dfrac{1}{2}$ c) 4   d) 2   e) 3

V.48 (PUC-PR-86) A soma dos n primeiros termos de uma progressão aritmética é $S_n = \dfrac{2n^2 + n}{2}$. O terceiro termo dessa progressão é:
a) $\dfrac{21}{2}$ b) 3   c) $-\dfrac{11}{2}$ d) $\dfrac{11}{2}$ e) 5

V.49 (CESESP-PE-86) Dois andarilhos iniciam juntos uma caminhada. Um deles caminha uniformemente 10 km por dia e o outro caminha 8 km no 1º dia e acelera o passo de modo a caminhar mais $\dfrac{1}{2}$ km a cada dia que se segue. Assinale a alternativa correspondente ao número de dias caminhados para que o 2º andarilho alcance o primeiro.
a) 10   b) 9   c) 3   d) 5   e) 21

V.50 (F.G.V.-SP-86) A seqüência (3 m; m + 1; 5) é uma progressão aritmética. Sua razão é:
a) –3   b) 3   c) 7   d) –7
e) impossível de se determinar

V.51 (Sta.Casa-87) Seja a P.A. cujo 1º termo é 12 e a razão é 4. Se a média aritmética dos n 1ºˢ termos dessa progressão é 50, o valor de n é:
a) 18   b) 20   c) 24   d) 30   e) 36

V.52 (G.V-87) A seqüência $(a_1, a_2, ..., a_n, ...)$ é uma P.A. Sabendo que $a_1 = 2$ e $a_5 = 14$, podemos concluir que a soma dos 15 primeiros termos vale:
a) 325   b) 335   c) 345   d) 355   e) 365

V.53 (PUC-87) Seja a seqüência $(a_1, a_2, ..., a_n, ...)$ onde $a_1 = 1$ e $2a_{p+1} = 2a_p + 1\ \forall\ p > 0$, inteiro. Nessas condições, a_{151} é igual a:
a) 72   b) 74   c) 76   d) 78   e) 80

V.54 (G.V-88) O 3º termo de uma P.A. é 11 e a razão é 4. A soma dos 20 primeiros termos é
a) 790   b) 800   c) 810   d) 820   e) 830

V.55 (ITA-88) Sejam a, b e c constantes reais com $a \neq 0$ formando, nesta ordem, uma progressão aritmética e tais que a soma das raízes da equação $ax^2 + bx + c = 0$ é $-\sqrt{2}$. Então uma relação válida entre b e c é:

a) $c = \dfrac{b}{\sqrt{2}}(\sqrt{2}-1)$ b) $c = b(2-\sqrt{2})$ c) $c = b(\sqrt{2}-1)$

d) $c = b\sqrt{2}$ e) $c = \dfrac{b}{2}(4-\sqrt{2})$

V.56 (FEI-88) Em uma P.A. a soma do 1º com o 4º termo é 16, e a soma do 3º com o 5º temo é 22. A soma dos 6 primeiros termos dessa progressão é:
a) 100   b) 90   c) 80   d) 70   e) 60

V.57 (OSEC-88) A seqüência (a;b;c) é uma P.A. Se $a + b + c = 6$ e $abc = -24$, o maior dos termos é:
a) –6   b) 2   c) 3   d) 4   e) 6

V.58 (ITA-89) Numa progressão aritmética com n termos, $n > 1$, sabemos que o primeiro é igual a $(1 + n)/n$ e a soma deles vale $(1 + 3n)/2$. Então o produto da razão desta progressão pelo último termo é igual a:
a) 2n   b) 2/n   c) 3n   d) 3/n   e) 5n

V.59 (MACK-89) "Os ângulos internos de um pentágono estão em P.A.". Sabendo-se que a diferença entre o maior ângulo e o menor é de 40°, então podemos afirmar que:
a) o maior ângulo mede 108°
b) o menor ângulo mede 10°
c) o menor ângulo mede 98°
d) o maior ângulo mede 540°
e) o maior ângulo mede 128°

V.60 (FEI-89) Se em uma P.A. a soma dos n 1os termos é $3n^2$, $\forall\, n \in \mathbb{N}^*$, então a razão dessa progressão é:
a) 6   b) 5   c) 4   d) 3   e) 2

V.61 (MAPOFEI-74) Calcular o 1º termo e a razão de uma P.A. cuja soma dos n primeiros termos é $n^2 + 4n$ para todo n natural.

V.62 (MAPOFEI-74) Qual é a soma dos múltiplos de 7, com dois, três ou quatro algarismos?

V.63 (ITAJUBÁ-77) Qual a Progressão Aritmética em que $S_n = n^2$, qualquer que seja n?

V.64 (FAAP-SP-78) Quantos números inteiros compreendidos entre 1 e 5000 são divisíveis por 3 e por 7?

V.65 (FEI-SP-78) Determinar o número de algarismos que tem o número:
$$N = \left(\sum_{i=1}^{10}(2i-1)\right)^{10}$$

V.66 (FUVEST-2ª-FASE-80)
a) Determinar a soma dos dez primeiros números naturais ímpares.
b) Qual é a soma dos n primeiros números naturais ímpares?

V.67 (FEI-80)
a) Quantos são os inteiros positivos múltiplos de 7 e menores do que 1000?
b) Quantos são os inteiros positivos múltiplos de 7 e de 11 e menores do que 10.000?

V.68 (MAUÁ-80) Os dois primeiros termos de uma seqüência são: $2, \frac{1}{2}, \ldots$
Calcule a soma dos 20 primeiros termos, supondo que se trata de uma progressão aritmética.

V.69 (UNIV.FED.CE-80) Os números inteiros positivos são agrupados em partes disjuntas, da seguinte maneira:

$\{1\}, \{2, 3\}, \{4, 5, 6\}, \{7, 8, 9, 10\}, \{11, 12, 13, 14, 15\}\ldots$

Seja S a soma dos elementos que compõem o 24º conjunto desta seqüência. Calcule a soma dos algarismos de S.

V.70 (U.F.CE-80) Considere a seqüência $(a_1, a_2, \ldots, a_n, \ldots)$. Se $a_{n+1} = \frac{3a_n + 4}{3}$ para $n = 1, 2, \ldots$ e $a_1 = 3$, qual o valor de a_{73}?

V.71 (FUVEST-81) São dadas duas seqüências:
$(x_1, x_2, \ldots, x_n \ldots)$ e $(y_1, y_2, \ldots, y_n \ldots)$
Sabe-se que $y_1 = 1$ e $y_2 = 2$, que $x_n = y_{n+1} - y_n$ e que a primeira seqüência é uma progressão aritmética de razão 3.
a) Escreva os 4 primeiros termos da seqüência (x_n).
b) Escreva os 4 primeiros temos da seqüência (y_n).

V.72 (IME-82) O quadrado de qualquer número par $2n$ pode ser expresso como a soma de n termos, em progressão aritmética. Determine o primeiro termo e a razão desta progressão.

V.73 (E.E.MAUÁ-SP-82) Determine o número total de múltiplos de 15 compreendidos entre 1492 e 3427.

V.74 (FEI-SP-83) Se P_n representa a soma dos n primeiros números pares (excluído evidentemente o zero) e se I_n representa a soma dos n primeiros números ímpares, calcule $D_n = P_n - I_n$.

V.75 (FUVEST-SP-86)
a) Prove que, numa PA $(a_1, a_2, a_3, \ldots)$, $a_1 + a_9 = a_2 + a_8$
b) Sabendo que a soma dos 9 primeiros termos de uma PA é 17874, calcule seu 5º termo.

V.76 (U.F.BA-86) Numa olimpíada foram colocadas, numa pista retilínea, 30 tochas acesas, distando 3 metros uma da outra, e um recipiente contendo água a 1 metro antes da 1ª tocha. Um corredor deveria partir do local onde está o recipiente, pegar a 1ª tocha, retornar ao ponto de partida para apagá-la e repetir esse movimento até apagar a 30ª tocha.. Sabendo-se que x expressa a quantidade total de metros percorridos, determine a soma dos algarismos que compõem o número x.

Capítulo 3 – Progressões Geométricas

V.77 (MACK-73) O problema: "Determinar três números reais estritamente positivos, em progressão geométrica, sabendo-se que sua soma é m e que o segundo termo da progressão é 1", tem solução:
a) qualquer que seja o número real m
b) qualquer que seja o número real m positivo
c) se, e somente se, $m \geq 3$
d) se, e somente se, $0 \leq m \leq 3$
e) nenhuma das anteriores

V.78 (FEI-73) O 1º termo e a razão de uma P.G, têm o mesmo valor $\frac{1}{\sqrt{2}}$, o limite da soma dos termos quando $n \to \infty$ é:

a) $1+\sqrt{2}$ b) 1 c) $\frac{1}{2}$ d) $\frac{1}{2+\sqrt{2}}$ e) 0

V.79 (GV-73) Se $1 + r + r^2 + ... + r^n + ... = 10$ então, r é igual a:

a) $\frac{9}{10}$ b) 1 c) $-\frac{9}{10}$ d) $\frac{1}{2}$ e) $\frac{1}{10}$

V.80 (GV-73) Se a^x, a^{x+2}, a^{x+4} e a^{x+6} na ordem dada, formam uma progressão geométrica, com $a > 0$, de produto a^{20}, então o dobro do valor de x deve ser:
a) 5 b) 6 c) 14 d) 4 e) n. d.a.

V.81 Se designarmos por S_n a soma dos n primeiros termos de uma progressão geométrica de infinitos termos, de razão $q > 1$ e primeiro termo $a_1 > 0$, podemos afirmar que:

a) $\frac{S_n}{S_{2n} - S_n} = \frac{S_{2n} - S_n}{S_{3n} - S_{2n}}$;

b) $\frac{S_n}{S_{2n} - S_n} = \frac{S_{2n}}{S_{3n} - S_{2n}}$;

c) $\dfrac{S_n}{S_{2n}-S_n} = S_{3n}-S_n$; d) $S_{3n} = S_{2n}+S_n$; e) n.d.a

V.82 (GV-SP-76) Um funcionário de uma repartição pública inicia um trabalho, conseguindo despachar, no 1º dia, 210 documentos. No dia seguinte, percebe que seu trabalho tem um rendimento de 90% em relação ao dia anterior, repetindo este fato dia após dia. Se, para terminar o trabalho, tem que despachar 2.100 documentos, pode-se concluir que:
a) o trabalho estará terminado em menos de 20 dias
b) o trabalho estará terminado em menos de 26 dias
c) o trabalho estará terminado em 58 dias
d) O funcionário nunca terminará o trabalho
e) o trabalho estará terminado em 60 dias

V.83 (CESCEA-SP-76) A soma dos termos de uma P.G. infinita é 3. Sabendo-se que o primeiro termo é igual a 2, então o quarto termo desta P.G. é:

a) $\dfrac{2}{27}$ b) $\dfrac{1}{4}$ c) $\dfrac{2}{3}$ d) $\dfrac{1}{27}$ e) $\dfrac{3}{8}$

V.84 (UF-GO-76) O número 2^{91} é um termo da seqüência:

a) 1, 4, 16, 64, ... b) 2, 8, 32, 128 c) 6, 12, 18, 24, ... d) 5, 10, 15, 20, ...

V.85 (GV-77) Um número positivo é formado por três algarismos, os quais estão em progressão geométrica. Permutando-se os dois últimos algarismos da direita, o número aumenta de 54 unidades. Então, o primeiro algarismo da esquerda é:
a) 6 b) 2 c) 1 d) 4 e) 9

V.86 (CESGRANRIO-77) Os três primeiros termos de uma progressão geométrica são: $a_1=\sqrt{2}$, $a_2=\sqrt[3]{2}$ e $a_3=\sqrt[6]{2}$. O quarto termo é:

a) $\dfrac{1}{\sqrt{2}}$ b) 1 c) $\sqrt[3]{2}$ d) $\sqrt[9]{2}$ e) $\dfrac{1}{2}$

V.87 (CESCEM-77) O lado de um triângulo eqüilátero mede 3. Unindo-se os pontos médios de seus lados obtém-se um novo triângulo eqüilátero. Unindo-se os pontos médios do novo triângulo, obtém-se um outro triângulo eqüilátero, e assim sucessivamente. A soma dos perímetros de todos os triângulos citados é:

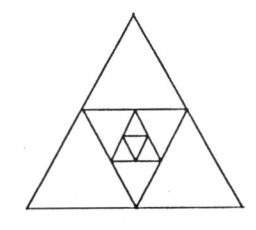

a) 18   b) 10   c) 6   d) 3   e) 1

V.88 (CESCEM-77) Para que as medidas dos lados a e b e a medida da área A de um retângulo sejam três números em P.G., nesta ordem, é necessário que
a) os lados tenham a mesma medida
b) a medida dos lados sejam um
c) a medida de um dos lados seja o quadrado da medida do outro
d) a medida de um dos lados seja o dobro da medida do outro
e) a soma das medidas dos lados seja igual à medida da área

V.89 (CESCEA-77) O sétimo termo de uma progressão geométrica valem, respectivamente, 3 e $3(2+\sqrt{3})$. Então o quinto termo é:

a) $3(2-\sqrt{3})$ b) $\dfrac{3}{2}+\dfrac{3}{\sqrt{3}}$ c) $\dfrac{3(2-\sqrt{3})}{7}$ d) $6-\sqrt{3}$ e) $1-\sqrt{3}$

V.90 (MACK-78) A seqüência (x, xy, 2x), $x \neq 0$, é uma PG. Então, necessariamente:

a) x é um número racional   b) x é um número irracional
c) y é um número racional   d) y é um número irracional

e) $\dfrac{y}{x}$ é um número irracional

V.91 (MACK-79) A soma dos n primeiros termos da progressão geométrica $(a, aq^2, aq^4, aq^6, ...)$, com $aq \neq 0$ e $q \neq \pm 1$, é:

a) $S_n = \dfrac{a(1-q^n)}{1-q}$ b) $S_n = \dfrac{a(1-q^n)}{q^n - 1}$

c) $S_n = \dfrac{a(1-q^{2n})}{1-q^2}$ d) $S_n = \dfrac{a(1-q)^{2n}}{q-1}$

e) $S_n = \dfrac{2a(1-q^n)}{1-q^2}$

V.92 (MACK-79) Para o inteiro positivo n, o valor da soma
$(10 - 1) + (10^2 - 1) + (10^3 - 1) + ... +(10^n - 1)$ é:

a) $\dfrac{10^n - 10 - 9n}{9}$ b) $\dfrac{10^{n+1} - 10 + 9n}{9}$ c) $\dfrac{10^{n+1} + 10 - 9n}{9}$

d) $\dfrac{10^n - 10 + 9n}{9}$ e) $\dfrac{10^{n+1} - 10 - 9n}{9}$

V.93 (PUC-79) O limite da soma dos termos da progressão geométrica:
$\dfrac{1}{3}, \dfrac{1}{9}, \dfrac{1}{27}, ...$, é:

a) $\dfrac{1}{2}$ b) $\dfrac{1}{3}$ c) $\dfrac{1}{4}$ d) $\dfrac{2}{3}$ e) $\dfrac{3}{2}$

V.94 (MACK-79) O número real x é estritamente positivo e diferente de 1. A seqüência $(x^2, x, \log x)$ é uma progressão geométrica. Então o valor de x é:
a) –1 b) 0 c) 0,1 d) 1 e) 10

V.95 (ITA-79) Considere uma Progressão Geométrica, onde o primeiro termo é a, a > 1, a razão é q, q > 1, e o produto dos seus termos é c. Se $\log_a^b = 4$, $\log_q^b = 2$ e $\log_c^b = 0,01$, quantos termos tem esta Progressão Geométrica?
a) 12 b) 14 c) 16 d) 18 e) 20

V.96 (PUC-79) Se a seqüência $(4x, 2x + 1, x - 1)$ é uma P.G., então o valor de x é:

a) $-\dfrac{1}{8}$ b) –8 c) –1 d) 8 e) $\dfrac{1}{8}$

V.97 (E.A.ESP.-FGV-1º-SEMESTRE-79) A soma dos infinitos termos da progressão geométrica $\dfrac{\sqrt{3}}{\sqrt{3}+1}, \dfrac{\sqrt{3}}{\sqrt{3}+3}, ...$ é:

a) $\sqrt{\dfrac{3}{2}}$ b) $\dfrac{2}{\sqrt{3}}$ c) $\dfrac{3}{2}$ d) $\dfrac{2}{2}$ e) 2

V.98 (E.A.ESP-FGV-1º-SEMESTRE-79) Em um triângulo, a medida da base, a medida da altura e a medida da área formam, nesta ordem, uma P.G. de razão 8. Então a medida da base vale:
a) 1   b) 2   c) 4   d) 8   e) 16

V.99 (U.F.GO-80) Seja $a_1, a_2, a_3, ...$, uma seqüência de quadrados tal que a área de a_k, $k \geq 2$, é igual a 2 vezes a área de a_{k-1}. Se a área de a_5 é 8cm², então a área de a_1, em cm², é:
a) $\frac{1}{2}$ b) $\frac{8}{5}$ c) $\frac{5}{8}$ d) 2   e) 4

V.100 (UNIV.FED.UBERLÂNDIA-80) Dentro de um ângulo agudo (α) inscrevem-se circunferências que fazem contato uma com a outra.
Os raios destas circunferências formam uma progressão geométrica. A razão desta P.G. vale:

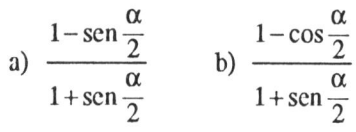

a) $\dfrac{1-\operatorname{sen}\dfrac{\alpha}{2}}{1+\operatorname{sen}\dfrac{\alpha}{2}}$ b) $\dfrac{1-\cos\dfrac{\alpha}{2}}{1+\operatorname{sen}\dfrac{\alpha}{2}}$

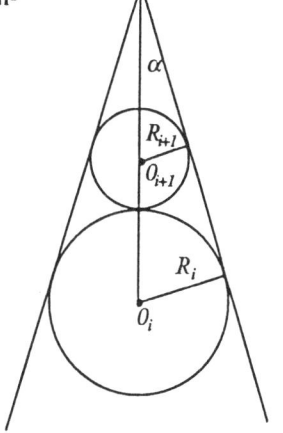

c) $\dfrac{1+\operatorname{sen}\dfrac{\alpha}{2}}{1-\operatorname{sen}\dfrac{\alpha}{2}}$ d) $\dfrac{1+\operatorname{sen}\alpha}{1-\operatorname{sen}\alpha}$

e) $\dfrac{1-\cos\alpha}{1+\cos\alpha}$

V.101 (CESGRANRIO-81) Se x e y são positivos e se x, xy, e 3x estão, nesta ordem, em progressão geométrica, então o valor de y é:
a) $\sqrt{2}$ b) 2   c) $\sqrt{3}$ d) 3   e) 9

V.102 (U.F.RS-81) A soma dos seis primeiros termos da seqüência definida por $a_n = 2^{n-\frac{1}{2}}$ com $n \in \mathbb{N}^*$, é
a) $2^{\frac{11}{2}}$ b) $31\sqrt{2}$ c) $63\sqrt{2}$ d) $99\sqrt{2}$ e) $512\sqrt{2}$

V.103 (Santa Casa-81) Simplificando-se a expressão $A = \sqrt[3]{x} \cdot \sqrt[3]{\sqrt[3]{x}} \cdot \sqrt[3]{\sqrt[3]{\sqrt[3]{x}}} \ldots$, obtém-se

a) $\sqrt{x}$ b) $\sqrt[3]{x}$ c) $\dfrac{1}{2}$ d) 1 e) $\dfrac{1}{729}$

V.104 (CESESP-81) Considere a seqüência de figuras abaixo:

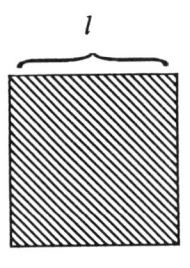

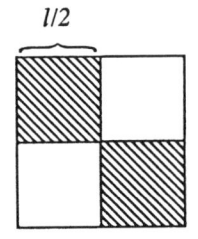

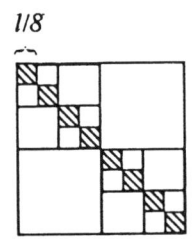

Assinale a alternativa que corresponde à soma de todas as áreas tracejadas da seqüência.

a) l^2 b) $l^2 + \dfrac{1}{2}$ c) $3l^2$ d) $2l^2$ e) $l^2 + 2$

V.105 (ITA-81) Se os três lados de um triângulo estão em progressão geométrica, então a razão desta progressão está compreendida necessariamente entre os valores:

a) $\dfrac{1}{2}(\sqrt{5}-1)$ e $\dfrac{1}{2}(\sqrt{5}+1)$; b) $\dfrac{1}{2}(\sqrt{4}-1)$ e $\dfrac{1}{2}(\sqrt{4}+1)$;

c) $\dfrac{1}{2}(\sqrt{3}-1)$ e $\dfrac{1}{2}(\sqrt{3}+1)$; d) $\dfrac{1}{2}(\sqrt{2}-1)$ e $\dfrac{1}{2}(\sqrt{2}+1)$; e) 0 e 1.

V.106 (FATEC-SP-82) A seqüência $a_1, a_2, ..., a_n, ...$ é, nessa ordem, uma progressão geométrica de números reais, com razão diferente de 1. Se para todo n, S_n indica a soma dos seus n primeiros termos e, ainda $S_6 = 28S_3$, $S_4 - S_2 = 72$, então a_5, é igual a:
a) 132 b) 162 c) 192 d) 202 e) 232

V.107 (ITA-82) Sejam $a_1, a_2, ..., a_n, ...$ ($a_i > 0$, $i = 1, 2, ..., n$), uma progressão geométrica de razão r e f : $R^+ \to R$ uma função definida por $f(x) = \log(q\,x^p)$ onde p e q são números reais positivos.
Nestas condições, $f(a_1), f(a_2), ..., f(a_n)$, é
a) uma progressão geométrica de razão: $\log(q\,r^p)$;
b) uma progressão geométrica de razão: $p \log r$;
c) uma progressão aritmética de razão: $\log q + p \log a_1$;
d) uma progressão aritmética de razão: $\log q + p \log r$;
e) uma progressão aritmética de razão: $p \log r$.

V.108 (U.F.ES-83) A soma dos termos de ordem ímpar de uma PG infinita é 20 e a soma dos termos de ordem par é 10.
O 3º termo dessa PG é:
a) $\frac{15}{4}$ b) 5 c) $\frac{11}{2}$ d) 4 e) $\frac{13}{2}$

V.109 (UNESP-84) Seja $Sn = \frac{1}{2^1} + \frac{1}{2^2} + ... + \frac{1}{2^n}$, n número natural diferente de zero. O menor número n tal que $S_n > 0,99$ é:
a) 5 b) 6 c) 7 d) 8 e) 9

V.110 (U.E.CE-84) $a < b < c$ três termos consecutivos de uma PG, todos positivos. Se $a = m - 1$, $b = m + 5$ e $c = 11m - 1$, então o valor de $a + b + c$ é:
a) 40 b) 42 c) 44 d) 46

V.111 (U.F.PA-85) A soma dos termos de ordem ímpar de uma PG infinita é 81 e a soma dos termos de ordem par é 27. O 1º termo da progressão é:
a) 9 b) 18 c) 54 d) 72 e) 81

V.112 (MACKENZIE-SP-85) Na PG $\left(...,\dfrac{3-\sqrt{2}}{3},\dfrac{3\sqrt{2}-2}{6},...\right)$ o termo que antecede $\dfrac{3-\sqrt{2}}{3}$ é:

a) $(\sqrt{2}-2).3^{-1}$
b) $(3\sqrt{2}-2).3^{-1}$
c) $(6\sqrt{2}-2).3^{-1}$
d) $(2-3\sqrt{2}).3^{-1}$
e) $(2-\sqrt{2}).3^{-1}$

V.113 (ITA-85) Sejam $a_1, a_2, ..., a_n$ números reais positivos e $P_n = a_1 \cdot a_2$ .....a_n. Se $p > 0$ é uma constante real tal que $Pn = \dfrac{p^{n^2+n}}{2^n}$, então podemos afirmar que os números $a_1, a_2, ..., a_n$, nesta ordem:

a) Formam uma progressão geométrica de razão $q = p$ e $a_n = \dfrac{p^{2n}}{2}$

b) Formam uma progressão geométrica de razão $q = p$ e $a_n = \dfrac{p^n}{2}$

c) Formam uma progressão geométrica de razão $q = p^2$ e $a_n = \dfrac{p^n}{2}$

d) Formam uma progressão geométrica de razão $q = p^2$ e $a_n = \dfrac{p^{2n}}{2}$

e) Não formam uma progressão geométrica.

V.114 (U.E.CE-86) Seja $(a_1, a_2, a_3, ...)$ uma progressão geométrica. Se $a_3 \cdot a_4 \cdot a_5 \cdot a_6 \cdot a_7 = 32$, então a_5 é igual a:

a) 1/2
b) 1
c) $\sqrt{2}$
d) 2

V.115 (FEI-SP-86) Em uma progressão geométrica de termos positivos, a diferença entre o quarto termo e o primeiro termo é 21, e a diferença, entre o terceiro termo e o primeiro termo é 9. Podemos afirmar que a soma dos 8 primeiros termos dessa progressão é igual a:
a) 550
b) 1024
c) 856
d) 765
e) 800

V.116 (CESGRANRIO-86) A soma $\sum_{i=1}^{500} 2^i = 2 + 2^2 + 2^3 + \ldots + 2^{500}$ é igual a:
a) $2^{500} + 1$ b) $2^{501} + 1$ c) $2^{501} - 1$ d) $2(2^{500} + 1)$ e) $2(2^{500} - 1)$

V.117 (ITA-86) Sejam os números reais $x > 0, \alpha > \beta > 1$. Os três números reais $x, \sqrt{x \log_\alpha \beta}, \log_\alpha(\beta x)$ são, nesta ordem, os três primeiros termos de uma progressão geométrica infinita. A soma S desta progressão vale:

a) $S = \dfrac{2x}{1 - \log_\alpha \beta}$ b) $S = \dfrac{x+1}{1 - \dfrac{1}{2}\log_\alpha \beta}$ c) $S = \dfrac{1}{1 - \sqrt{\log_\alpha \beta}}$

d) $S = \dfrac{1}{1 + \sqrt{\log_\alpha \beta}}$ e) Impossível determinar S pois este valor não é finito.

V.118 (Santa Casa-87) Os frutos de uma árvore, atacados por uma moléstia, foram apodrecendo dia após dia, segundo os termos de uma PG de 1º termo 1 e razão 3, isto é, no 1º apodreceu 1 fruto, no 2º dia 3 outros, no 3º 9 outros, e assim por diante.
Se no 7º dia apodreceram os últimos frutos, o nº de frutos atacados pela moléstia foi:
a) 363   b) 364   c) 729   d) 1092   e) 1093

V.119 (FEI-87) Sendo $0 < a < 1$, a soma $1 + a + a^2 + \ldots$ é igual a:

a) $\dfrac{1}{1-a}$ b) $+\infty$ c) $\dfrac{1}{a+1}$ d) a^n e) $2a$

V.120 (FEI-87) Três nºs positivos formam uma P.A. crescente. A sua soma é 15 e a soma de seus quadrados é 107. O 1º desses números é:
a) 4   b) 3   c) 2   d) 1   e) 0,5

V.121 (GV-88) Seja K a raiz da equação $x + \dfrac{x}{3} + \dfrac{x}{9} + \ldots + \dfrac{x}{3^{n-1}} + \ldots = 9$. Então, o fatorial de K será:

a) 24   b) 120   c) 720   d) 5040   e) 40320

V.122 (FEI-88) O limite da soma $\left(1+\dfrac{1}{2}+\dfrac{1}{4}+\dfrac{1}{8}+...\right)+\left(1+\dfrac{1}{3}+\dfrac{1}{9}+\dfrac{1}{27}+...\right)$ é:

a) ∞ b) 2   c) $\dfrac{7}{2}$ d) $\dfrac{1}{2}$ e) 1

V.123 (OSEC-88) Na P.G. em que o 1º termo é igual a soma de todos os demais, o valor da razão é:

a) -1 b) $-\dfrac{1}{2}$ c) $\dfrac{1}{4}$ d) $\dfrac{1}{2}$ e) 1

V.124 (ITA-88) Suponha que os números 2, x, y, e 1458 estão, nesta ordem, em progressão geométrica. Desse modo o valor de x + y é:

a) 90   b) 100   c) 180   d) 360   e) 1460

V.125 (FEI-89) Em uma P.G. de termos positivos a diferença entre o 4º e o 1º termo é 52, e a diferença entre o 3º e o 2º é 12. A soma dos quatro 1ºˢ termos dessa progressão é:

a) 40   b) 50   c) 60   d) 70   e) 80

V.126 (FATEC-89) Se $S = (2^1 - 1) + (2^2 - 1) + (2^3 - 1) + ... + (2^n - 1)$, então

a) $S = 2^{n+1} + n - 2$ b) $S = 2^{n+1} - n + 2$ c) $S = 2^{n+1} + n + 2$
d) $S = 2^{n+1} - n - 2$ e) $S = 2^{n+1} - n$

V.127 (ITA-89) Numa progressão geométrica de razão q sabemos que $a_1 = \dfrac{1}{q}, a_1 a_n = \left(\dfrac{2}{3}\right)^5$ e o produto dos n primeiros termos é q^{20}.
Então a soma dos n primeiros termos é igual a:

a) $\dfrac{1}{2}\dfrac{3^8-2^8}{3^6}$ b) $\dfrac{1}{2}\dfrac{3^6-2^6}{3^6}$ c) $\dfrac{1}{4}\dfrac{3^8-2^8}{3^6}$ d) $\dfrac{1}{4}\dfrac{3^6-2^6}{3^6}$ e) $\dfrac{1}{4}\dfrac{3^6-2^6}{3^8}$

V.128 (ITA-90) Numa progressão geométrica de três termos a razão é e^{-2a}, a soma dos termos é 7 enquanto que a diferença do último termo com o primeiro é 3. Nestas condições o valor de a é:

a) $ln\sqrt{2}$ b) $-ln\dfrac{5}{2}$ c) $ln\sqrt{3}$ d) $-ln\sqrt{2}$
e) não existe número real a nestas condições

V.129 (ITA-91) Numa progressão geométrica de razão q, sabe-se que:

1) o produto do logaritmo natural do primeiro termo a_1 pelo logaritmo natural da razão é 24.
2) a soma do logaritmo natural do segundo termo com o logaritmo natural do terceiro termo é 26.

Se $\ln q$ é um número inteiro então o termo geral a_n vale:
a) e^{6n-2} b) e^{4+6n} c) e^{24n} d) e^{4+6n} e) n.d.a

Notação: $\ln q$ denota o logaritmo natural (ou neperiano) de q.

V.130 (FEI-73) Dada a função $f(n) = an + b$, $a \neq 0$ e $b \neq 0$, definido no conjunto $N = \{0, 1, 2, 3, ...\}$:
a) os números $f(1), f(2), f(3), ...$ estão em P.A
b) os números $f(1), f(2), f(3), ...$ estão em PG
c) a função é crescente
d) $f(2) - f(1), f(3) - f(2), f(4) - f(3), ...$ são números em PA
e) A função tem derivada igual a a.

V.131 (CESCEM-73) Na ordem em que são dados, os números x, y, z formam uma P.A e os números $\frac{1}{x}, \frac{1}{y}, \frac{1}{x+z}$ formam uma progressão geométrica. Pode-se concluir que:
a) a razão da P.A. é igual a 3, qualquer que seja x. b) $y + z = 5x$
c) a razão da P.G. é igual a $\frac{1}{3}$ d) $yz = 8x^2$
e) não existem os números x, y, z, nas condições acima.

V.132 (CESCEM-73) As diferenças entre os termos consecutivos da sucessão dos quadrados perfeitos:
a) formam a sucessão dos números primos
b) formam uma nova sucessão de quadrados perfeitos
c) formam uma P.G. d) formam uma P.A.
e) formam uma sucessão constante

V.133 (GV-73) Os números x, y, z formam nesta ordem, uma P.A. de soma 15, Por outro lado os números $x, y+1, z+5$ formam, nesta ordem, uma P.G. de soma 21. Sendo $0 \leq x \leq 10$, o valor de $3z$ é:
a) 36 b) 9 c) –6 d) 48 e) 21

V.134 (UF-GO-78) Um painel contém lâmpadas vermelhas e azuis. Em um instante inicial, acendem-se, simultaneamente, uma lâmpada vermelha e 38 azuis e, a partir daí, de cinco em cinco segundos, acendem-se vermelhas segundo uma PG de razão 2 e apagam-se azuis segundo uma PA. Após 20 segundos o processo é paralisado e o painel apresenta entre as lâmpadas acesas somente duas azuis. Então
1) o número a_n de lâmpadas vermelhas acesas;
2) a razão r da PA.
3) o intervalo I de tempo em que o número de lâmpadas azuis acesas foi 5 vezes das vermelhas acesas. São:

a) $r = -9$, $a_n = 16$, $I = [10,15]$ b) $r = -12$, $a_n = 8$, $I = [15,20]$
c) $r = 9$, $a_n = 16$, $I = [10,15]$ d) $r = -9$, $a_n = 16$ $I = [10,15]$
e) $r = -12$, $a_n = 8$, $I = [15,20]$

V.135 (ITA-SP-78) Sejam $y = F(x) = a^x$ ($a > 0$, $a \neq 1$) uma função real de variável real e, $x = x_n$ ($n = 1, 2, 3, 4, ...$) uma progressão aritmética de razão $r > 0$.
Nestas condições, uma das alternativas abaixo é correta:
a) $y_n = F(x_n)$, ($n = 1, 2, 3, ...$) constitui uma progressão aritmética de razão a^r
b) $y_n = F(x_n)$, ($n = 1, 2, 3, ...$) constitui uma progressão geométrica de razão $-a^r$
c) $y_n = F(x_n)$, ($n = 1, 2, 3, ...$) não é uma progressão aritmética e nem uma progressão geométrica
d) $y_n = F(x_n)$, ($n = 1, 2, 3, ...$) é uma progressão geométrica de razão $q > 1$, se admitirmos que $a < 1$
e) n.d.a.

V.136 (UF.CE-78) Sejam x e y números positivos. Se os números 3, x, e y formam, nesta ordem, uma progressão geométrica e se os números x, y e 9 formam, nesta ordem, uma progressão aritmética, então $x + y$ é igual a:
a) 43/4   b) 45/4   c) 47/4   d) 49/4

V.137 (PUC-79) A seqüência infinita $\left(1, \frac{1}{2}, \frac{1}{3}, \frac{1}{4}, ...\right)$ é

a) uma P.A. de razão 1   b) uma P.G. de razão 1   c) uma P.A. de razão $\frac{1}{2}$
d) nem P.A. e nem P.G.   e) uma P.G. oscilante

V.138 (ITA-79) Seja $a \geq 0$ o 1º termo de uma progressão aritmética de razão r e também de uma progressão geométrica de razão $q = \frac{2r\sqrt{3}}{3a}$.

A relação entre a e r para que o 3º termo da progressão geométrica coincida com a soma dos 3 primeiros termos da progressão aritmética é:
a) r = 3a;   b) r = 2a;   c) r = a;   d) $r = \sqrt{2a}$ e) n.d.a

V.139 (PUC-CAMPINAS-80) Os números 2, 3 e 4 estão em progressão aritmética. O número que devemos somar a cada um deles para obtermos uma progressão geométrica é:
a) –1/6   b) 1   c) impossível encontrá-lo
d) 5/9   e) n.d.a

V.140 (U.F.RS-81) Sabendo que (a_n) é uma P.A. de razão 3, (b_n) é uma P.G. de razão $\frac{1}{2}$ $a_6 = b_1$ e $a_3 = b_2$, então $a_1 + b_1$ é:
a) –31   b) –11   c) 18   d) 21   e) 24

V.141 (U.F.BA-81) Sendo (40, x, y, 5, ...) uma progressão geométrica de razão q e $\left(q, 8-a, \frac{7}{2}, ...\right)$ uma progressão aritmética, o valor de a é:
a) $\frac{19}{4}$ b) $\frac{21}{4}$ c) $\frac{43}{4}$ d) 6   e) 7

V.142 (F.M.Santa Casa-SP-83) Seja uma PA de 7 termos e razão 6. Retirando-se o 2º, o 3º, o 5º e o 6º termos dessa PA, a seqüência restante:
a) será uma PA de razão –18   b) será uma PG de razão $\frac{1}{3}$
c) será uma PA de razão 18   d) será uma PG de razão 6
e) não será nem PA nem PG

V.143 (FATEC-SP-84) Seja a seqüência $(a_1, a_2, ..., a_n, ...)$ cujo termo é dado por $a_n = n + 2(n + 2)$. Esta seqüência:
a) é de termos decrescentes.   b) é uma PA de razão 4.
c) é uma PG de razão 3.   d) tem como primeiro termo um número par.
e) tem como quarto termo um número natural quadrado perfeito.

V.144 (PUC-CAMPINAS-SP-85) Um número x é o 4º termo de uma progressão geométrica de razão 2 e o 6º de uma progressão aritmética de razão 3. Supondo que o primeiro termo da progressão geométrica seja igual ao primeiro termo da progressão aritmética, então:
a) x = 324   b) x = 16   c) x = 34   d) x = 120/7   e) x = 324/7

V.145 (PUC-SP-86) Qualquer que seja x, os números $(x-1)^2, x^2+1, (x+1)^2$, nesta ordem, formam:

a) uma progressão aritmética de razão 2
b) uma progressão aritmética de razão 2x
c) uma progressão geométrica de razão 2
d) uma progressão geométrica de razão 2x
e) uma seqüência que não é progressão aritmética e nem progressão geométrica

V.146 (F.C.CHAGAS-BA-86) A seqüência, cujo termo geral é $a_n = 2^{nx}$, onde $n \in \mathbb{N}^*$, é:
a) uma progressão aritmética de razão 2^x
b) uma progressão geométrica de razão 2^x
c) uma progressão aritmética de razão x
d) uma progressão geométrica de razão x
e) uma progressão geométrica de razão 2

V.147 (FATEC-SP-86) Se a, b e c são números tais que a seqüência (a, b, c) é uma progressão aritmética, e a seqüência (b, 28, 2 (a + c)) é uma progressão geométrica, então b é igual a:
a) 8   b) 12   c) 14   d) 16   e) 20

V.148 (PUC-SP-87) Sabe-se que as seqüências (a; 2; b) e $\left(a; \frac{5}{2}; b\right)$ são, respectivamente, P.G. e P.A.. Os nºs a e b são as raízes da equação:
a) $x^2 - 5x + 4 = 0$ b) $x^2 + 5x + 4 = 0$ c) $2x^2 - 5x + 2 = 0$
d) $2x^2 + 5x + 2 = 0$ e) $2x^2 - 5x - 2 = 0$

V.149 (OSEC-87) Somando-se um mesmo nº x aos termos da seqüência (1, 3, 6) obtém-se uma P.G. de razão k. Pode-se concluir que $\frac{x}{k}$ é:
a) $\frac{1}{3}$ b) $\frac{1}{2}$ c) 1   d) 2   e) 3

V.150 (ITA-75) A expressão $1 + \frac{2}{2} + \frac{3}{4} + \frac{4}{8} + \frac{5}{16} + \ldots$ vale:
a) 4   b) $\frac{9}{2}$ c) $\frac{7}{2}$ d) 3,8   e) n.d.a

V.151 (UFC-PR-76) A soma $1 + 2 \cdot e^{-1} + 3 \cdot e^{-2} + 4 \cdot e^{-3} + ...$ (e > 1) é igual a:

a) ∞ b) $\dfrac{2}{e}$ c) $\dfrac{e^2}{(e-1)^2}$ d) $\dfrac{1}{1-2e^{-1}}$ e) $\dfrac{e^2}{1-e^{-1}}$

V.152 (ITA-77) Sendo $S_k = 1 + 2x + 3x^2 + ... + (k+1)x^k$, onde $x > 1$ e k é um inteiro maior que 2, então, se n é um inteiro maior que 2:

a) $S_n = \dfrac{1-x^{n+1}}{(1-x)^2}$;

b) $S_n = \dfrac{1-x^{n+1}}{(1-x)^2} - \dfrac{(n+1)}{1-x}x^{n+1}$;

c) $S_n = \dfrac{1+x^{n+1}}{(1-x)} - \dfrac{(n+2)}{(1-x)^2}x^{n+1}$;

d) $S_n = \dfrac{1+x^{n+1}}{(1-x)^2} - \dfrac{(n+2)}{(1-x)}x^{n+1}$;

e) n.d.a

V.153 (E.A.ESP.FGV-2º-SEMESTRE-78) Sabendo-se que $0 < q < 1$, então $q + 2q^2 + 3q^3 + 4q^4 + ...$ é igual a:

a) $\left(\dfrac{q}{1-q}\right)^2$ b) $\dfrac{q}{1-q^2}$ c) $\dfrac{q}{(1-q)^2}$ d) $\dfrac{q}{1-q}$ e) $\dfrac{q^2}{1-q}$

V.154 (MACK-79) Sendo $S = 1 + 2x + 3x^2 + ...$ $(0 < x < 1)$, pode-se afirmar que:
Sugestão: multiplicar os dois membros por x.

a) $S = \dfrac{1}{(1-x)^2}$ b) $S = \dfrac{x}{(1-x)^2}$ c) $S = \dfrac{2}{(2-x)^2}$

d) $S = \dfrac{1}{(2-x)^2}$ e) $S = \dfrac{x}{(2-x)^2}$

V.155 (F.M.SANTOS-SP-82) O limite da soma $1 + \dfrac{3}{2} + \dfrac{5}{4} + \dfrac{7}{8} + ...$ é:

a) 2 b) 3 c) 6 d) 8 e) n.d.a

V.156 (MAPOFEI-74) Qual é o número x que deve ser somado aos números $a-2$, a e $a+3$ para que $a-2+x$, $a-x$ e $a+3+x$ formem uma P.G.

V.157 (FAAP-77) Determinar a maior das somas:

$$S_1 = \log_{\frac{1}{2}} \frac{1}{4} + \log_{\frac{1}{2}}^2 \frac{1}{4} + \ldots + \log_{\frac{1}{2}}^{10} \frac{1}{4}$$

$$S_2 = \log_{\frac{1}{2}} \frac{1}{8} + \log_{\frac{1}{2}}^2 \frac{1}{8} + \ldots + \log_{\frac{1}{2}}^{10} \frac{1}{8}$$

V.158 (FUVEST-2ª-FASE-77) A população humana de um conglomerado urbano é de 10 milhões de habitantes e a de ratos é de 200 milhões. Admitindo-se que ambas as populações cresçam em progressão geométrica, de modo que a humana dobre a cada 20 anos e a de ratos dobre a cada ano, dentro de dez anos quantos haverá por habitante?

V.159 (MAUÁ-77) Dado o lado L, de um quadrado, una os pontos médios dos lados, construindo um novo quadrado como na figura ao lado:
Calcule a área A_o do primeiro e A_1 do segundo quadrado, em função de L.
Repetindo-se a construção no segundo quadrado e assim sucessivamente, mostre que as áreas dos quadrados construídos formam uma progressão geométrica, isto é, obtenha A_1, A_2, ..., A_n em função de L.

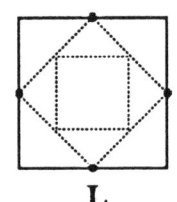

V.160 (FAAP-SP-78) Determinar o produto dos "n" primeiros da seqüência: n, n^2, n^3, n^4, ... (n > 0).

V.161 (IME-82) Três progressões geométricas têm mesma razão q e primeiros termos diferentes a, b, c. A soma dos n primeiros termos da primeira é igual a soma dos 2n primeiros da segunda e igual a soma dos 3n primeiros termos da terceira. Determine a relação que liga as razões $\frac{b}{a}$ e $\frac{c}{a}$, em função de a, b e c.

V.162 (FUVEST-SP-83-2ª fase) Numa progressão geométrica de 4 termos positivos, a soma dos dois primeiros vale 1 e a soma dos dois últimos vale 9. Calcule a razão da progressão.

V.163 (FAAP-SP-84) Numa progressão geométrica (PG), a soma do primeiro termo com o terceiro é igual a 1 e a soma do segundo com o quarto é igual a 3. Determinar a razão q da PG.

V.164 (U.F.MG-86) Seja $S_n = 1 + r + r^2 + ... + r^{n-1}$, onde n é um inteiro positivo e r é um número real dado.
a) Calcule $r S_n - S_n$ e obtenha daí uma fórmula para S_n.
b) Descreva todos os valores de r para os quais existe $S = \lim_{n \to \infty} S_n$, obtendo, neste caso, uma fórmula para S.

V.165 (MAUÁ-87) Calcule o limite da soma dos infinitos termos da seqüência $1, \frac{1}{\sqrt{2}}, \frac{1}{2}, ...$ cujos termos estão em P.G.

V.166 (FUVEST-2ª-FASE-88) Suponha que a taxa de inflação seja 30% ao mês durante 12 meses; que daqui a 1 ano seja instituído o "cruzado novo", valendo Cz$ 1000; e que sejam colocadas em circulação moedas de 10 centavos, 50 centavos e 1 cruzado novo. Qual será então o preço, em cruzados novos, de um cafezinho que custa hoje Cz$ 20,00?

V.167 (MAUÁ-89) Determine a razão de uma P.G. decrescente de infinitos termos, sabendo que cada termo é igual a 4 vezes a soma dos termos sucessivos.

V.168 (UNICAMP-2ª-FASE-89) Uma bola elástica, abandonada de certa altura volta a 8/9 da altura original após atingir o solo. Calcule a altura original considerando que, depois de 2 toques no solo, ela volta a uma altura de 80 cm.

V.169 (FUVEST-2ª-FASE-89) Ao escalar uma trilha de montanha, um alpinista percorre 256 m na 1ª hora, 128 m na 2ª hora, 64 m na 3ª hora e assim sucessivamente. Determinar o tempo (em horas) necessário para completar um percurso de
a) 480 m   b) 500 m   c) 600 m

V.170 (POLI-66) Média harmônica de dois números a e b é o inverso da média aritmética dos inversos desses números. Se a e b forem positivos e diferentes, provar que a média harmônica de a e b é sempre menor que sua média geométrica.

V.171 (POLI-67) Divide-se um segmento de comprimento m em três partes iguais e retira-se a parte central; para cada um dos segmentos restantes, repete-se o processo, retirando-se suas partes centrais, e assim indefinidamente. Calcular a soma dos comprimentos retirados.

V.172 (MAUÁ-77) Dada uma progressão aritmética de 5 (cinco) termos, com $r \neq 0$ (razão); determine-os, sabendo-se que o 1°, o 2° e o 4° termos, nesta ordem, formam uma progressão geométrica cuja soma é 14.
Calcule o 5° termo da progressão geométrica do problema anterior.

V.173 (FAAP-77) O número 1 e log x são, respectivamente o primeiro e o terceiro termos de uma progressão aritmética de razão log r.
O número 2 e log(x + 1) são, respectivamente o primeiro e o segundo termos de uma progressão geométrica de razão log (r + 1). Determinar r e x.

V.174 (E.E.MAUÁ-SP-84) São dados 3 números inteiros em progressão geométrica cuja soma é 26. Determinar esses números, sabendo-se que o primeiro, o dobro do segundo e o triplo do terceiro formam uma progressão aritmética.

V.175 (U.F.CE-86) A soma de três números em progressão geométrica é 9. Sabe-se que, ao subtrairmos 1 do menor deles, obtém-se uma progressão aritmética. Pede-se o quadrado da diferença entre o menor e o maior destes números.

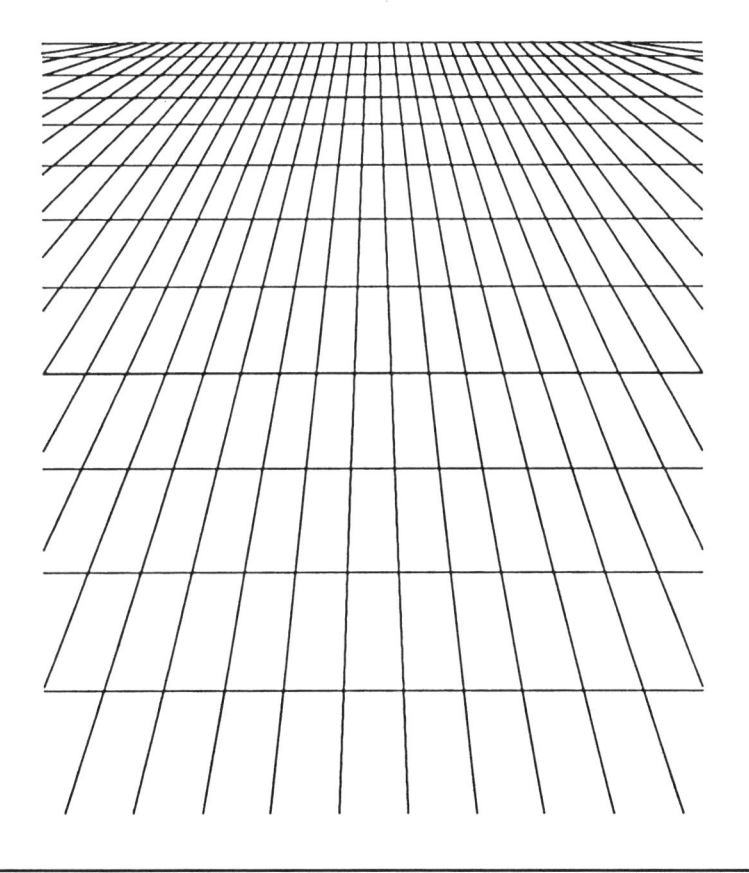

Respostas

Capítulo 1 – Seqüências

1) a) $a_5=11$ b) $a_7=16$ c) $a_4=-2$

2) a) $\left(18, 6, 2, \dfrac{2}{3}, \ldots\right)$
   b) $(8, 4, 0, -4, \ldots)$
   c) $(2, 7, -6, 19, \ldots)$
   d) $\left(1, 1, \dfrac{3}{4}, \dfrac{1}{2}, \ldots\right)$
   e) $\left(\dfrac{1}{2}, \dfrac{1}{5}, \dfrac{1}{8}, \dfrac{1}{11}, \ldots\right)$

3) $a_5=5$ (Esta seqüência, quando infinita, recebe o nome de seqüência de Fibonacci)

4) $a_{54}=30$

5) a) $a_6=2$, $a_5=5$
   b) $a_k=20-3k$, $a_{k+1}=17-3k$
   c) $a_6 - a_5 = -3$
   d) $a_{k+1} - a_k = -3$

6) a) $\dfrac{1}{5}$ b) $\dfrac{1}{5}$ c) 25

7) a) [gráfico]
   b) [gráfico]

8) a) $a_n = 3n$ b) $a_n = n-1$
   c) $a_n = n^2$ d) $a_n = 2^n$
   e) $a_n = 3^n - 1$ f) $a_n = \dfrac{1}{2n-1}$
   g) $a_n = 3 \cdot 2^{n-2}$ h) $a_n = \dfrac{n-1}{n+1}$
   i) $a_n = 2n+3$ j) $a_n = \dfrac{n}{4^{n-1}}$

9) a) $\begin{cases} a_1 = 3 \\ a_n = a_{n-1} + 7, n \geq 2 \end{cases}$

   b) $\begin{cases} a_1 = 4 \\ a_n = a_{n-1} - 5, n \geq 2 \end{cases}$

   c) $\begin{cases} a_1 = -2 \\ a_n = -3 \cdot a_{n-1}, n \geq 2 \end{cases}$

   d) $\begin{cases} a_1 = 12 \\ a_n = \dfrac{-a_{n-1}}{2}, n \geq 2 \end{cases}$

   e) $\begin{cases} a_1 = 1 \\ a_n = 3 \cdot a_{n-1} + 1, n \geq 2 \end{cases}$

   f) $\begin{cases} a_1 = 3 \\ a_n = 4(a_{n-1} - 1), n \geq 2 \end{cases}$

   g) $\begin{cases} a_1 = 4 \\ a_2 = 5 \\ a_n = a_{n-2} + a_{n-1}, n \geq 3 \end{cases}$

   h) $\begin{cases} a_1 = 3 \\ a_n = a_{n-1} - n, n \geq 2 \end{cases}$

   i) $\begin{cases} a_1 = -2 \\ a_n = (a_{n-1})^{n-1}, n \geq 2 \end{cases}$

   j) $\begin{cases} a_1 = 1 \\ a_n = n \cdot a_{n-1}, n \geq 2 \end{cases}$

10) a) f=(1, 8, 27, 64, 125, 216, ...)
    b) g=(26, 56, 98, 152, ...)
    c) $b_{n-1} = 6n^2 + 2$, $n \in N \mid n \geq 2$
11) a) f= (–7, –4, –1, 2, 5, 8, 11, ...)
    b) g= (7, 5, 3, 1, –1, –3, –5, ...)
    c) h= (11, 5, –1, –7)
    d) $c_n = 17 - 6n$, $1 \leq n \leq 4$
12) a) crescente   b) decrescente
    c) não decrescente
    d) não crescente
    e) crescente
13) a) Para mostrarmos que uma seqüência é crescente basta mostrarmos que $a_{n+1} > a_n$ qualquer que seja n do domínio. Para isso basta mostrarmos que $a_{n+1} - a_n > 0$ para todo n ou, quando os termos forem positivos, mostrarmos que $\dfrac{a_{n+1}}{a_n} > 1$. Achemos a_{n+1}: $a_{n+1} =$ 2(n+1)+1 = 2n+3
    1º modo: $a_{n+1} - a_n =$
    (2n+3) – (2n+1)=2 $\Rightarrow a_{n+1} - a_n > 0$, $\forall n \Rightarrow a_{n+1} > a_n$, $\forall n \Rightarrow (a_n)$ é crescente.
    2º modo:
    $\dfrac{a_{n+1}}{a_n} = \dfrac{2n+3}{2n+1} = \dfrac{2n+1}{2n+1} + \dfrac{2}{2n+1} =$
    $= 1 + \dfrac{2}{2n+1}$. Como $\dfrac{2}{2n+1} > 0$ para todo n $\in N$, obtemos que $\dfrac{a_{n+1}}{a_n} > 1$. Logo (a_n) é crescente.
    b) basta mostrarmos que $b_{n+1} - b_n < 0$ para todo n (Se $b_i > 0$ para todo i podemos mostrar que (b_n) é decrescente mostrando que $\dfrac{b_{n+1}}{b_n} < 1$ para todo n).

Achemos
b_{n+1}: $b_{n+1} = \dfrac{n+1+1}{n+1} = \dfrac{n+2}{n+1}$,

$b_{n+1} - b_n = \dfrac{n+2}{n+1} - \dfrac{n+1}{n} =$

$\dfrac{n^2 + 2n - (n^2 + 2n + 1)}{n(n+1)} \Rightarrow$

$b_{n+1} - b_n = \dfrac{-1}{n(n+1)} < 0$, para

todo $n \in N^*$ Então: $b_{n+1} < b_n$, $\forall$ n. Logo (b_n) é decrescente.
    c) Faça como nos itens a e b
14) a) (–1, 1, –1, 1, ...)
    b) (1, 3, 5, 7, ...)= seqüência dos ímpares positivos
    c) (2, 4, 6, 8, ...)= seqüência dos pares positivos
    d) $\left(0, \dfrac{1}{2}, \dfrac{2}{3}, \dfrac{3}{4}, ...\right)$
    e) (5, 5, 5, 5, ...)
15) a) $a_7 = 37$ b) $b_{30} = 1891$
    c) $x_{p+1} = p^2$
16) a) $x_n = n$ b) $x_n = 5n$
    c) $x_n = \dfrac{n+1}{n}$ d) $x_n = n^2 - 1$
17) a) $y_n = 5n - 3$ b) $y_n = 11n - 6$
18) $b_n = 2n+1$
19) Note que para mostrarmos que a seqüência x_n é constante, basta mostrarmos que $x_{n+1} - x_n = 0$, qualquer que seja o n.
    a) Calculemos o termo geral de (x_n)
    $x_n = a_{n+1} - a_n \Rightarrow$
    $x_n = 2(n+1)+3 - (2n+3) \Rightarrow$
    $x_n = 0n+2 \Rightarrow x_{n+1} = 0(n+1)+2 \Rightarrow$
    $x_{n+1} = 0n + 2 \Rightarrow x_{n+1} - x_n = 0 \Rightarrow$
    (x_n) é constante
    b) Calculemos x_n

$$x_n = \frac{b_{n+1}}{b_n} = \frac{5 \cdot 7^{n+1}}{5 \cdot 7^n} = 7^{0n+1} \Rightarrow$$

$$x_{n+1} - x_n = 7^{0(n+1)+1} - 7^{0n+1} \Rightarrow$$

$$x_{n+1} - x_n = 7 - 7 = 0 \Rightarrow$$

(x_n) é constante

20) a) $a_n = 3n+2$ b) $a_n = 2^{n-1}$
    c) $a_n = 2^{6-n}$ d) $a_n = 1$
21) a) $x = 1, y = 3$ b) não existem
22) $a_n = 2^{1-n}./$
23) $a_n = \dfrac{n/}{k+1}, 1 \leq n \leq k$
24) Basta provarmos que $x_{n+1} - x_n > 0$, qualquer que seja n

a) $x_{n+1} - x_n = $

$$= \frac{3(n+1)+2}{(n+1)+3} - \frac{3n+2}{n+3}$$

$x_{n+1} - x_n = $

$$= \frac{(3n+5)(n+3) - (3n+2)(n+4)}{(n+4)(n+3)}$$

$x_{n+1} - x_n = $

$$= \frac{3n^2 + 14n + 15 - 3n^2 - 14n - 8}{(n+4)(n+3)}$$

$$x_{n+1} - x_n = = \frac{7}{(n+4)(n+3)} > 0$$

qualquer que seja $n \in N$. Então (x_n) é crescente.

b) Faça como no ítem a

25) Basta provarmos que $a_{n+1} - a_n < 0$, qualquer que seja n.

a) $x_{n+1} - x_n = $

$$= \frac{3(n+1)+2}{2(n+1)+1} - \frac{3n+2}{2n+1}$$

$x_{n+1} - x_n = $

$$\frac{(3n+5)(2n+1) - (2n+3)(3n+2)}{(2n+3)(2n+1)}$$

$x_{n+1} - x_n = $

$$= \frac{6n^2 + 13n + 5 - 6n^2 - 13n - 6}{(2n+3)(2n+1)}$$

$$x_{n+1} - x_n = \frac{-1}{(2n+3)(2n+1)} < 0,$$

qualquer que seja $n \in N$. Então (x_n) é decrescente.

b) Faça como no ítem a

26) a) $a_n = \dfrac{10n}{3^n}$

b) $a_n = \dfrac{1}{n(n+1)}$

c) $a_n = \dfrac{2n+1}{2n+3}$

d) $a_n = \dfrac{(-1)^{n-1}}{n}$

e) $a_n = \log_{n+1} n$
27) $(3, 1, 7, -1, 11, -3, ...)$
28) $a_n = 1$ se $n = 2p - 1$ e

$$a_n = \left(\frac{n}{2}\right)^2 \text{ se } n = 2p, \text{ onde } p \in N^*.$$

29) $(1, 1, 2, 3, 5, 8, 13, 21, 34, 55, ...)$
30) $a_n = \dfrac{a_1}{n}$
31) $a_1 = 0$, $a_2 = 1$ e $a_{n+2} = a_{n+1} - a_n$
32) $k_n = 2^{1-n} k$, $S_n = 2^{2-2n} S$
33) $a_n = (1,1)^{n-1} k$, $1 \leq n \leq 12$
34) Basta mostrarmos que a seqüência é limitada inferiormente e também superiormente.

a) $\dfrac{n+1}{n} = \dfrac{n}{n} + \dfrac{1}{n} = 1 + \dfrac{1}{n} > 1,$

qualquer que seja o $n \in N^*$. Então

(x_n) é limitada inferiormente.

Para n =1 temos: $\frac{n+1}{n} = \frac{2}{1} = 2$ e para qualquer n ≥ 2, temos que

$\frac{n+1}{n} = \frac{n}{n} + \frac{1}{n} =, = 1 + \frac{1}{n} < 2$

pois $\frac{1}{n} < 1$. Então: $\frac{n+1}{n} \leq 2$, qualquer que seja n ∈ N^*. Então (x_n) é limitada superiormente. Assim sendo, (x_n) é limitada.

b) Como $n^2 > 0$, qualquer que seja n ≥ 1, obtemos $\frac{1}{n^2} > 0$, qualquer que seja n ≥ 1. Então (x_n) é limitada inferiormente. Note que para n= 1 temos: $\frac{1}{n^2} = \frac{1}{1^2} = 1$ e que para n ≥ 2 temos que $\frac{1}{n^2}$ é fração própria, portanto: $\frac{1}{n^2} < 1$. Então $\frac{1}{n^2} \leq 1$, qualquer que seja n ∈ N^*. Logo, a seqüência (x_n) é limitada superiormente. Então (x_n) é limitada.

c) faça como um dos itens anteriores

d) faça como nos itens anteriores.

Capítulo 2 – Progressões Aritméticas (PA)

35) a) r=8 b) n=6

c) $\frac{a_1 + a_3}{2} = 9 = a_2$

d) $\frac{a_4 + a_6}{2} = 33 = a_5$

36) a) r = – 13 b) n=7 c) – 36
 d) – 36 e) – 36 f) – 36

37) a) (5, 12, 19, 26, 33, 40, ...)
 b) (– 18, – 12, – 6, 0, 6, 12, ...)
 c) (10, 5, 0, – 5, – 10, – 15, ...)
 d) $\left(\frac{1}{2}, 1, \frac{3}{2}, 2, \frac{5}{2}, 3, ...\right)$
 e) (– 1, 3, 7, 11, 15, 19, ...)
 f) (– 7, – 1, 5, 11, 17, 23, ...)
 g) (4a – 8, 3a – 6, 2a – 4, a – 2, 0, 2 – a, ...)
 h) $\left(\frac{a+3b}{b-a}, \frac{2b}{b-a}, 1, \frac{2a}{a-b}, \frac{3a+b}{a-b}, \frac{4a+2b}{a-b}, ...\right)$

38) a) $r = \frac{1}{6}$ b) $\frac{3}{4} = a_4$

 c) $\frac{3}{4} = a_4$ d) $\frac{3}{4} = a_4$

39) a) $r = -\frac{1}{4}$; PA decrescente
 b) $r = \sqrt{2} - 1$; PA crescente
 c) $r = 3 - \sqrt{10}$; PA decrescente
 d) r = 0; PA constante
 e) $r = \pi - 3$; PA crescente

40) $a_n = a_1 + (n - 1)r$

41) $a_{12} = 52$

42) n = 9

43) $a_1 = -2$

44) $r = \frac{1}{5}$

45) a) 42 b) 196 c) 102

46) a) É o 200º termo
 b) Não é termo da PA
 c) É o 110º termo

47) a) a b) $\frac{2a-b}{a-2b}$
 c) $\frac{ab}{6a^2 - 6b^2}$ d) 21

48) $S_{15} = -105$
49) $S_{17} = 884$
50) $S_{22} = 176$
51) $S_{11} = -341$
52) $a_1 = 18$, $a_{14} = -86$
53) n=5 e $a_5 = -9$ ou n=10 e $a_{10} = 6$
54) $a_1 = 15$ e n = 8
55) a) -1 b) $\dfrac{2}{3}$ c) 0
56) a) 155496   b) 17199
57) 30
58) r = 12 (utilize a propriedade D – 3 da PA)
59) $a_{22} = -10$
60) $a_5 = 0$
61) $(-11, -9, ...)$
62) $\left(18, \dfrac{35}{2}, ...\right)$
63) $r = 1 - \sqrt{2}$, PA decrescente
64) x = 3, PA = (1, 8, 15)
65) a) x = 2   b) r = 2a – 5
66) a) $a_8 = -0,3$ (utilize a propriedade D – 2 da PA)
    b) $a_8 = 14$ c) $a_8 = -\dfrac{7}{12}$
67) $S_{15} = 45$
68) $S_{37} = 370$
69) PA = (10, 17, 24, ...)
70) PA = $\left(\dfrac{9}{10}, \dfrac{1}{10}, ...\right)$
71) (– 3, 1, 5) ou (5, 1,– 3) Chame os termos de x – r, x e x+r onde r é a razão da PA
72) PA = (– 8, – 3, 2, 7, 12) ou PA = (10, 6, 2, – 2, – 6)
73) (Chame os termos da PA de x – 3a, x – a, x+a e x+3a onde a razão é r = 2a)
    a) (– 8, – 2, 4, 10)
    b) (– 8, – 2, 4, 10) ou (10, 4, – 2, – 8)
    c) (– 8, – 2, 4, 10) ou $\left(12, \dfrac{14}{3}, -\dfrac{8}{3}, -10\right)$
74) (– 9, – 1, 7, 15, 23, 31) ou (31, 23, 15, 7, – 1, – 9)
75) (Ler item E da teoria)
    a) (4, 11, 18, 25, 32, 39, 46,53)
    b) (35, 23, 11,– 1, – 13)
76) 19 meios aritméticos
77) a) 24 meios aritméticos
    b) impossível   c) impossível
78) $r = \dfrac{\beta - \alpha}{m + 1}$
79) a) $a_n = 4n+3$
    b) $a_n = (a - 3)n + 1$
80) a) $S_n = \dfrac{3n^2 + 7n}{2}$
    b) $S_n = \dfrac{(x-2)n^2 + (x+4)n}{2}$
81) a) {29}   b) {13}
82) n = 23
83) a) 12   b) 15
84) Basta mostrarmos que a diferença entre um termo e o seu precedente é constante para todo n. Vejamos:
    a) $a_n = 7n - 5 \Rightarrow$
    $a_{n+1} = 7(n+1) - 5 \Rightarrow$
    $a_{n+1} - a_n = 7(n+1) - 5 - (7n - 5) = 7$ para todo n. Então a seqüência é PA.
    b) $a_n = an+b \Rightarrow$
    $a_{n+1} = a(n+1) + b \Rightarrow$
    $a_{n+1} - a_n = a(n+1) + b - (an+b)$
    $\Rightarrow a_{n+1} - a_n = a$ para todo n. Então a seqüência é uma PA.
85) a) $S_n = \dfrac{3n^2 + 3n}{2}$
    b) $S_n = \dfrac{5n^2 + 5n}{2}$
86) $9m^2$

87) 8m, 10m e 12m
88) $4\sqrt{3}$
89) a) 102,9 m b) 592,9 m c) 30s
90) 497
91) 87 ou 69
92) Note que $S_{n+1} - S_n = a_{n+1}$ para todo n.
Achemos então o termo geral a_n dessa seqüência:
$a_n = S_{n+1} - S_n \Rightarrow$
$a_n = (n + 1)^2 - 5(n + 1) - (n^2 - 5n)$
$\Rightarrow a_n = n^2 + 2n + 1 - 5n - 5 - n^2 + 5n \Rightarrow a_n = 2n - 4$.
Agora: $a_{n+1} - a_n = 2(n + 1) - 4 - (2n - 4) \Rightarrow a_{n+1} - a_n = 2$ para todo n.
Então a seqüência é uma PA.
93) $x = \log_2 5$
94) Provemos em primeiro lugar que se (a^2, b^2, c^2) é PA então $\left(\dfrac{1}{b+c}, \dfrac{1}{a+c}, \dfrac{1}{a+b}\right)$ também o é:

$\begin{cases} r_1 = \dfrac{1}{a+c} - \dfrac{1}{b+c} = \dfrac{b+c-a-c}{(a+c)(b+c)} \\ r_2 = \dfrac{1}{a+b} - \dfrac{1}{a+c} = \dfrac{a+c-a-b}{(a+b)(a+c)} \end{cases} \Rightarrow$

$\begin{cases} r_1 = \dfrac{b-a}{(a+c)(b+c)} \\ r_2 = \dfrac{c-b}{(a+b)(a+c)} \end{cases}$

Como (a^2, b^2, c^2) é PA, temos: $r = b^2 - a^2 = c^2 - b^2 \Rightarrow (b+a)(b-a) = (c+b)(c-b) \Rightarrow \dfrac{b-a}{c+b} = \dfrac{c-b}{b+a} = k$
(estamos admitindo que $b+c \ne 0$ e $a+b \ne 0$ senão não existe a seqüência em questão). Obtemos desta forma que $r_1 = \dfrac{k}{a+c}$ e $r_2 = \dfrac{k}{a+c}$.

Então $r_1 = r_2$, donde concluímos que $\left(\dfrac{1}{b+c}, \dfrac{1}{a+c}, \dfrac{1}{a+b}\right)$ é PA.
Provemos agora a recíproca: Como $\left(\dfrac{1}{b+c}, \dfrac{1}{a+c}, \dfrac{1}{a+b}\right)$ é PA obtemos

$r = \dfrac{b-a}{(a+c)(b+c)} = \dfrac{c-b}{(a+b)(a+c)} \Rightarrow$

$\dfrac{b-a}{b+a} = \dfrac{c-b}{a+b} \Rightarrow b^2 - a^2 = c^2 - b^2$
$\Rightarrow (a^2, b^2, c^2)$ é PA

95) a) $x = 2 \Rightarrow (5, 7, 9)$ ou $x = 3 \Rightarrow (4, 9, 14)$
b) $x = 2 \Rightarrow (9, 7, 5)$ ou $x = 3 \Rightarrow (14, 9, 4)$

96) a) $r = 4$, PA crescente
b) $r = \dfrac{7}{12}$, PA crescente
c) $r = -\dfrac{1}{12}$, PA decrescente
d) $r = x - 2$, PA crescente se $x > 2$, decrescente se $x < 2$ e constante se $x = 2$

97) a) $(-5, 2, 9, 16, 23, ...)$
b) $(9, 6, 3, 0, -3, ...)$
c) $\left(\dfrac{5}{2}, 2, \dfrac{3}{2}, 1, \dfrac{1}{2}, ...\right)$
d) $(42, 36, 30, 24, 18, ...)$

98) a) $a_{30} = 247$ b) $r = 5$
c) $a_1 = 129$ d) $a_{25} = -59$
e) $a_3 = \dfrac{1}{6}$ f) $q - p = 10$

99) a) 50° b) 30° c) 197 não é termo desta PA d) 21°

100) a) $a_{16} = b_{16} = 42$ b) não têm

101) a) $r = \dfrac{1}{2}$ b) $r = 11$ c) $r = -6$
d) $r = 1$ e) $r = -1$

102) a) Chamando p+q e k+m de α obtemos:
1º) $a_p + a_q =$
$a_1 + (p - 1)r + a_1 + (q - 1)r \Rightarrow$
$a_p + a_q = 2a_1 + (p+q - 2)r \Rightarrow$
$a_p + a_q = 2a_1 + (\alpha - 2)r$
2º) $a_k + a_m =$
$a_1 + (k - 1)r + a_1 + (m - 1)r \Rightarrow$
$a_k + a_m = 2a_1 + (k + m - 2)r \Rightarrow$
$a_k + a_m = 2a_1 + (\alpha - 2)r$
De (1º) e (2º) obtemos que $a_p + a_q = a_k + a_m$
b) Chamando p+q e j+k+m de α obtemos:
1º) $a_p + a_q = 2a_1 + (p + q - 2)\,r \Rightarrow$
$a_p + a_q = 2a_1 + (\alpha - 2)r$
2º) $a_j + a_k + a_m =$
$3a_1 + (j + k + m - 3)\,r \Rightarrow$
$a_j + a_k + a_m = 2a_1 + (\alpha - 2)r + a_1 - r$
Da hipótese obtemos:
$2a_1 + (\alpha - 2)\,r + a_1 - r =$
$2a_1 + (\alpha - 2)\,r \Rightarrow a_1 - r = 0 \Rightarrow$
$a_1 = r$
103) a) n=20 b) n=37
104) a) 95 b) 78 c) 401 d) 63
105) a) 81 b) 78 c) 404 d) 229
e) 212 f) 166
106) a) (30, 37, 44, 51, 58, 65, 72, 79)
b) $\left(\dfrac{2}{3}, \dfrac{41}{60}, \dfrac{7}{10}, \dfrac{43}{60}, \dfrac{11}{15}, \dfrac{3}{4}\right)$
c) $a_1 = 5a - 7$ e $r = 3a + 5$
107) a) n = 40 b) n = 31 c) p + q – 1
108) a) k b) k c) $\dfrac{k}{2}$
109) (2, 7, 5, 10)
110) a) 2400 b) 520 c) 1230
d) 1360 e) 2820 f) 5700
111) a) 19 b) 2200 c) 6700
d) 1665 e) 7995
112) a) r = 4 b) $a_1 = -43$ c) 32
113) a) 5050 b) 6480 c) 4900

d) $S_2 = \dfrac{n^2 + n}{2}$ e) $S_n = n^2 + n$
f) $S_n = n^2$
114) a) 728 b) 17081 c) 11385
d) 20916 e) 1200
115) a) n = 15 b) n = 12
c) não existe
116) a) $a_1 = 1$, r = 3
b) $a_1 = -20$, r = 4
117) a) 73 b) 4905
118) a) (2, 5, 8, 11, 14, 17, ...) ou
(11, 8, 5, 2, – 1, ...)
b) $a_n = p + q - n$
c) n = 10 d) x = 2
119) 3, 5, 7, 9 ou – 9, – 7, – 5, – 3
120) $a_{10} = 22$ e $a_{11} = 25$
121) (3, 9, 15, 21, ...)
122) a) 1210 b) (1, -2, -5, -8, ...)
123) a) Sendo r a razão e x a medida de um ângulo, temos:
(x – r, r, x + r) $\Rightarrow$
$x - r + x + x + r = 180° \Rightarrow$
$3x = 180° \Rightarrow x = 60°$
b) (98°, 103°, 108°, 113°, 118°)
c) (149°, 150°, 151°, ..., 163°)
d) eneágono
124) a) 30°, 60°, 90° b) k
125) Sejam x – r, x e x + r os ângulos. Então $x - r + x + x + r = 180° \Rightarrow$
x = 60°.
Sejam a – k, a e a + k os lados do triângulo. Aplicando a lei dos cossenos obtemos:
$a^2 = (a - k)^2 + (a + k)^2 - 2(a - k)(a + k) \cdot \cos 60°$
$a^2 = a^2 - 2ak + k^2 + a^2 + 2ak + k^2 - a^2 + k^2 \Rightarrow$
$3k^2 = 0 \Rightarrow k = 0 \Rightarrow$ os lados são a, a e a. Então o triângulo é equilátero.
126) Lembre-se que são válidas as seguintes relações:

Exercícios de Matemática - vol 3

$\begin{cases} a_q = a_r + (q-r)k \\ a_r = a_p + (r-p)k \\ a_p = a_q + (p-q)k \end{cases}$, onde k é a razão da PA.

De acordo com os dados obtemos:

$\begin{cases} b = c + (q-r)k \\ c = a + (r-p)k \\ a = b + (p-q)k \end{cases} \Rightarrow$

$\begin{cases} ab = ac + (q-r)ak \\ bc = ab + (r-p)bk \\ ac = bc + (p-q)ck \end{cases}$

(multiplicamos as equações por a, b e c, respectivamente)

Somando membro a membro obtemos:

ab + bc + ac =
ac + ab + bc + (q-r)ak + (r-p)bk + (p-q)ck $\Rightarrow$
(q-r)a + (r-p)b + (p-q)c = 0

127) $S_{p+q} = -(p+q)$

128) $S_p = S_q \Rightarrow \dfrac{(a_1 + a_p)p}{2} =$

$= \dfrac{(a_1 + a_q)q}{2} \Rightarrow (a_1 + a_p)p =$

$(a_1 + a_q)q \Rightarrow$
$[2a_1 + (p-1)r]p =$
$[2a_1 + (q-1)r]q \Rightarrow$
$2a_1(p-q) + p^2r - pr - q^2r + qr = 0$
$2a_1(p-q) + (p+q)(p-q)r - (p-q)r = 0 \Rightarrow 2a_1 + (p+q)r - r = 0 \Rightarrow$
$a_1 + a_1 + (p+q-1)r = 0 \Rightarrow$
Como $a_1 + [(p+q)-1)]r = a_{p+q}$, obtemos que $a_1 + a_{p+q} = 0$

Então: $S_{p+q} = \dfrac{[a_1 + a_{p+q}](p+q)}{2} =$

$= \dfrac{0(p+q)}{2} \Rightarrow S_{p+q} = 0$

129) $\dfrac{S_m}{S_n} = \dfrac{m^2}{n^2} \Rightarrow \dfrac{\dfrac{(a_1 + a_m)m}{2}}{\dfrac{(a_1 + a_n)n}{2}} =$

$= \dfrac{m^2}{n^2} \Rightarrow \dfrac{a_1 + a_m}{a_1 + a_n} = \dfrac{m}{n} \Rightarrow$

$\Rightarrow \dfrac{a_1 + a_1 + (m-1)r}{a_1 + a_1 + (n-1)r} = \dfrac{m}{n}$

$2na_1 + mnr - nr = 2a_1m + mnr - mr \Rightarrow$
$2a_1(n-m) = (n-m)r$

Sendo $n \neq m$ obtemos que $a_1 = \dfrac{r}{2}$.

Calculemos $\dfrac{a_m}{a_n}$

$\dfrac{a_m}{a_n} = \dfrac{a_1 + (m-1)r}{a_1 + (n-1)r} = \dfrac{\dfrac{r}{2} + (m-1)r}{\dfrac{r}{2} + (n-1)r}$

$\dfrac{\dfrac{1}{2} + m - 1}{\dfrac{1}{2} + n - 1} \Rightarrow \dfrac{a_m}{a_n} = \dfrac{2m-1}{2n-1}$

Note que quando m=n a relação também é válida.

130) $PA = (3, 3\log_y x, 3\log_z y, 7\log_x z)$

Fazendo $\log_z y = a$ e $\log_z x = b$ obtemos:

$\log_y x = \dfrac{\log_z x}{\log_z y} = \dfrac{b}{a}$.

Então: $PA = \left(3, \dfrac{3b}{a}, 3a, \dfrac{7}{b}\right) \Rightarrow$

$\begin{cases} \dfrac{6b}{a} = 3 + 3a \\ 6a = \dfrac{3b}{a} + \dfrac{7}{b} \end{cases} \Rightarrow \begin{cases} b = \dfrac{a^2 + a}{2} \\ 6a^2b = 3b^2 + 7a \end{cases}$

$$6a^2\left(\frac{a^2+a}{2}\right)=3\left(\frac{a^2+a}{2}\right)^2+7a$$

$\Rightarrow 12a^4 + 12a^3 = 3a^4 + 6a^3 + 3a^2 + 28a \Rightarrow$

$9a^4 + 6a^3 - 3a^2 - 28a = 0$.

Como $a \neq 0$ obtemos:

$9a^3 + 6a^2 - 3a - 28 = 0$

$9a^3 - 12a^2 + 18a^2 - 24a + 21a - 28 = 0$

$3a^2(3a-4) + 6a(3a-4) + 7(3a-4) = 0$

$(3a - 4)(3a^2 + 6a + 7) = 0 \Rightarrow$

$a = \dfrac{4}{3} \Rightarrow b = \dfrac{14}{9} \Rightarrow$

$\begin{cases} \log_z x = \dfrac{14}{9} \\ \log_y x = \dfrac{\frac{14}{9}}{\frac{4}{3}} = \dfrac{7}{6} \end{cases} \Rightarrow \begin{cases} x = z^{\frac{14}{9}} \\ x = y^{\frac{7}{6}} \end{cases} \Rightarrow$

$\Rightarrow x = y^{\frac{7}{6}} = z^{\frac{14}{9}} \Rightarrow x^{18} = y^{21} = z^{28}$

131) 54
132) 8 horas
133) 820
134) 1350 ou 7650 ou 6300
135) 20
136) 135, 630, 765
137) $a_n = \dfrac{n^2 + n + 2}{2}$
138) 25

139) Note que $S_n = \dfrac{(a_1 + a_n)n}{2} =$

$= \dfrac{[a_1 + a_1 + (n-1)r]n}{2} \Rightarrow$

$S_n = \dfrac{[2a_1 + (n-1)r]n}{2} \Rightarrow$

$\dfrac{S_n}{n} = a_1 + \dfrac{r}{2}(n-1)$

Então:

$\begin{cases} \dfrac{S_1}{n_1} = a_1 + \dfrac{r}{2}(n_1 - 1) \\ \dfrac{S_2}{n_2} = a_1 + \dfrac{r}{2}(n_2 - 1) \\ \dfrac{S_3}{n_3} = a_1 + \dfrac{r}{2}(n_3 - 1) \end{cases}$

Multiplicando estas equações por $(n_2 - n_3)$, $(n_3 - n_1)$ e $(n_1 - n_2)$, respectivamente, e somando membro a membro as equações, obtemos:

$\dfrac{S_1}{n_1}(n_2 - n_3) + \dfrac{S_2}{n_2}(n_3 - n_1) +$

$+ \dfrac{S_3}{n_3}(n_1 - n_2) =$

$= a_1[n_2 - n_3 + n_3 - n_1 + n_1 - n_3] +$

$\dfrac{r}{2}\big[(n_1-1)(n_2-n_3) +$

$+(n_2-1)(n_3-n_1) + (n_3-1)(n_1-n_2)\big]$

Como as expressões dentro dos colchetes se anulam, obtemos:

$\dfrac{S_1}{n_1}(n_2 - n_3) + \dfrac{S_2}{n_2}(n_3 - n_1) +$

$\dfrac{S_3}{n_3}(n_1 - n_2) = 0$

140) Faça como na primeira parte do exercício 94

141) Note que se r=o (PA constante) a verificação da igualdade é imediata. Sendo r≠0, racionalizando os denominadores, temos:

$S = \dfrac{\sqrt{a_2} - \sqrt{a_1}}{a_2 - a_1} + \dfrac{\sqrt{a_3} - \sqrt{a_2}}{a_3 - a_2} + \ldots$

$$+\frac{\sqrt{a_n}-\sqrt{a_{n-1}}}{a_n-a_{n-1}} \Rightarrow$$

$$S=\frac{\sqrt{a_2}-\sqrt{a_1}}{r}+\frac{\sqrt{a_3}-\sqrt{a_2}}{r}+...$$

$$+\frac{\sqrt{a_n}-\sqrt{a_{n-1}}}{r} \Rightarrow$$

$$S=\frac{\sqrt{a_n}-\sqrt{a_1}}{r}=\frac{a_n-a_1}{r\left(\sqrt{a_n}+\sqrt{a_1}\right)}$$

$$=\frac{a_1+(n-1)r-a_1}{r\left(\sqrt{a_n}+\sqrt{a_1}\right)} \Rightarrow$$

$$S=\frac{n-1}{\sqrt{a_1}+\sqrt{a_n}}.$$

(que é o que buscávamos)

142) Lembrando que $a_2 - a_1 = a_3 - a_2 = ... = a_n - a_{n-1} = r$ obtemos:

$$\frac{1}{a_1a_2}=\left(\frac{a_2-a_1}{a_1a_2}\right)\frac{1}{a_2-a_1}=$$

$$=\left(\frac{1}{a_1}-\frac{1}{a_2}\right)\frac{1}{r}. \text{ Então:}$$

$$\frac{1}{a_1a_2}+\frac{1}{a_2a_3}+...+\frac{1}{a_{n-1}a_n}=$$

$$=\left(\frac{1}{a_1}-\frac{1}{a_2}\right)\frac{1}{r}+\left(\frac{1}{a_2}-\frac{1}{a_3}\right)\frac{1}{r}+...$$

$$+\left(\frac{1}{a_{n-1}}-\frac{1}{a_n}\right)\frac{1}{r}=\frac{1}{r}\left(\frac{1}{a_1}-\frac{1}{a_n}\right)=$$

$$=\frac{1}{r}\left(\frac{a_n-a_1}{a_1a_n}\right)=\frac{1}{r}\left(\frac{a_1+(n-1)r-a_1}{a_1a_n}\right)=$$

$$=\frac{n-1}{a_1a_n}.$$

143) (1ª parte) Para n=3 temos:

$$\frac{1}{a_1a_2}+\frac{1}{a_2a_3}=\frac{2}{a_1a_3} \Rightarrow$$

$$\Rightarrow \frac{1}{a_1a_2}-\frac{1}{a_1a_3}=\frac{1}{a_1a_3}-\frac{1}{a_2a_3} \Rightarrow$$

$$\Rightarrow a_3 - a_2 = a_2 - a_1$$

(2ª parte)
Basta mostrar agora que para qualquer n≥4 é válida a relação
$a_n - a_{n-1} = a_{n-1} - a_{n-2}$. Vamos escrever a relação dada para os casos
n, n – 1 e n – 2:

$$\begin{cases} \frac{1}{a_1a_2}+\frac{1}{a_2a_3}+...+\frac{1}{a_{n-3}a_{n-2}}= \\ \frac{1}{a_1a_2}+\frac{1}{a_2a_3}+...+\frac{1}{a_{n-2}a_{n-1}}= \\ \frac{1}{a_1a_2}+\frac{1}{a_2a_3}+...+\frac{1}{a_{n-1}a_n}= \end{cases}$$

$$\begin{cases} =\frac{n-3}{a_1a_{n-2}} \quad (1) \\ =\frac{n-2}{a_1a_{n-1}} \quad (2) \\ =\frac{n-1}{a_1a_n} \quad (3) \end{cases}$$

Fazendo (3) – (2) e (2) – (1) obtemos:

$$\begin{cases} \frac{1}{a_{n-1}a_n}=\frac{n-1}{a_1a_n}-\frac{n-2}{a_1a_{n-1}} \\ \frac{1}{a_{n-2}a_{n-1}}=\frac{n-2}{a_1a_{n-1}}-\frac{n-3}{a_1a_{n-2}} \end{cases} \Rightarrow$$

$$\begin{cases} a_1 = na_{n-1}-a_{n-1}-na_n+2a_n \quad (4) \\ a_1 = na_{n-2}-2a_{n-2}-na_{n-1}+3a_{n-1} \quad (5) \end{cases}$$

(4) – (5) $\Rightarrow 0 = 2na_{n-1} - 4a_{n-1} - na_n + 2a_n - na_{n-2} + 2a_{n-2} \Rightarrow 0 = 2(n-2)a_{n-1} - (n-2)a_n - (n-2)a_{n-2}$

Como $n - 2 \ne 0$, pois $n \ge 4$, obtemos:
$0 = 2a_{n-1} - a_n - a_{n-2} \Rightarrow a_n - a_{n-1} = a_{n-1} - a_{n-2}$
Da (1ª) e (2ª) partes obtemos que $(a_1, a_2, a_3, ..., a_n)$ é PA.

144) Como $(\log_k x, \log_m x, \log_n x)$ é PA, obtemos:
$2\log_m x = \log_k x + \log_n x$. Passando para base k temos:

$$2\frac{\log_k x}{\log_k m} = \log_k x + \frac{\log_k x}{\log_k n}$$

Como $\log_k x \neq 0$, temos:

$$\frac{2}{\log_k m} = 1 + \frac{1}{\log_k n} \Rightarrow$$

$2\log_k n = \log_k m \cdot \log_k n + \log_k m \Rightarrow$

$\log_k n^2 = \log_k m(\log_k n + 1) \Rightarrow$

$\log_k n^2 = \log_k m(\log_k m + \log_k k) \Rightarrow$

$\log_k n^2 = \log_k m(\log_k kn) \Rightarrow$

$\log_k n^2 = \log_k (kn)^{\log_k m} \Rightarrow n^2 = (kn)^{\log_k m}$

145) Basta mostrar que para todo n e k, inteiros maiores que 1, existe um número inteiro s tal que $(2s + 1) + (2s + 3) + ... + (2s + 2n - 1) = n^k$. (Lembre-se que o enésimo número ímpar positivo é $a_n = 1 + (n - 1)2 = 2n - 1$).
O primeiro membro da igualdade é $S = \dfrac{(2s + 1 + 2s + 2n - 1)n}{2} \Rightarrow$

$\Rightarrow S = (2s + n)n$

Temos que mostrar agora que existe s inteiro tal que $(2s + n)n = n^k$. Vejamos:

$(2s + n)n = n^k \Rightarrow 2s = n^{k-1} - n \Rightarrow$

$\Rightarrow s = \dfrac{n(n^{k-1} - 1)}{2}$

Note que se n for par s é inteiro e se n for ímpar, $2^{k-1} - 1$ será par e então s será inteiro também. Logo n^k é a soma de n ímpares consecutivos.

146) Como $(a_1, a_2, ..., a_n)$ é PA temos:
$a_2 - a_1 = a_3 - a_2 = ... = a_n - a_{n-1} = r$
Então temos:
$a_1^2 - a_2^2 = (a_1 - a_2)(a_1 + a_2) = -r(a_1 + a_2)$
$a_3^2 - a_4^3 = (a_3 - a_4)(a_3 + a_4) = -r(a_3 + a_4)$
$... a_{2k-1}^2 - a_{2k}^2 = (a_{2k-1} - a_{2k})(a_{2k-1} + a_{2k}) = -r(a_{2k-1} + a_{2k})$
Então: $S = -r(a_1 + a_2 + a_3 + ... + a_{2k-1} + a_{2k}) \Rightarrow$

$$S = -r \cdot \frac{(a_1 + a_{2k})2k}{2}.$$

E como

$a_{2k} = a_1 + (2k - 1)r \Rightarrow -r = \dfrac{a_1 - a_{2k}}{2k - 1}$

temos:

$S = \dfrac{a_1 - a_{2k}}{2k - 1} \cdot (a_1 + a_{2k}) \cdot k \Rightarrow$

$S = \dfrac{k}{2k - 1}\left(a_1^2 - a_{2k}^2\right)$

147) Basta mostrar que $x_{n+1} - x_n$ é constante qualquer que seja n. Vejamos:
$x_{n+1} - x_n = a_{b_{n+1}} - a_{b_n} = [a(b_{n+1}) + b] - [a(b_n) + b] \Rightarrow x_{n+1} - x_n = a[b_{n+1} - b_n] \Rightarrow$
$x_{n+1} - x_n = a[c(n+1) + d - (cn + d)]$
$\Rightarrow x_{n+1} - x_n = ac$, qualquer que seja n

148) a) Lembrando que $S_{k+1} = S_k + a_{k+1}$ temos:
$S_{n+3} - 3S_{n+2} + 3S_{n+1} - S_n = (S_{n+3} - S_n) - 3(S_{n+2} - S_{n+1}) =$
$= (a_{n+1} + a_{n+2} + a_{n+3}) - 3(a_{n+2})$
$= (2a_{n+2} + a_{n+2}) - 3a_{n+2} = 0$
b) Note que
$S_{2n} - S_n = a_{n+1} + a_{n+2} + ... + a_{2n} =$

$$= \frac{(a_{n+1}+a_{2n})n}{2}$$

Calculemos S_{3n}:
$S_{3n} = a_1 + a_2 + ... + a_n + (a_{n+1} + a_{n+2} + ... + a_{2n}) + a_{2n+1} + ... + a_{3n} \Rightarrow$

$$S_{3n} = \frac{(a_{n+1}+a_{2n})n}{2} + (a_1+a_{3n}) +$$

$(a_2 + a_{3n-1}) + ... + (a_n + a_{2n+1})$

Como todas as somas entre parênteses são iguais a $(a_{n+1} + a_{2n})$. São somas de equidistantes dos extremos, temos:

$$S_{3n} = \frac{(a_{n+1}+a_{2n})n}{2} + (a_{n+1}+a_n)n =$$

$$= \frac{3(a_{n+1}+a_n)}{2} \Rightarrow S_{3n} = 3(S_{2n} - S_n)$$

149) Basta mostrar que $S_{k+1} - S_k$ é constante para todo k.
De acordo com o enunciado temos:
$$\begin{cases} S_k = a_{(k-1)n+1} + a_{(k-1)n+2} + ... + a_{kn} \\ S_{k+1} = a_{kn+1} + a_{kn+2} + ... + a_{kn+n} \end{cases}$$

Então: $S_{k+1} - S_k = a_{kn+1} - a_{(k-1)n+1} + a_{kn+2} - a_{(k-1)n+2} + ... + a_{kn+n} - a_{kn}$

Lembrando que $a_p = a_q + (p-q)r$
$\Rightarrow a_p - a_q = (p-q)r$, temos:
$S_{k+1} - S_k = nr + nr + ... + nr \Rightarrow S_{k+1} - S_k = n^2 r$

Então $S_{k+1} - S_k = n^2 r$ para todo k.
Logo $(S_1, S_2, S_3, ...)$ é uma PA de razão $n^2 r$, que é n^2 vezes a razão r da PA=$(a_1, a_2, ..., a_n, ...)$

150) Faça como no exercício 102 item b

151) 25 pedras

152) Se a razão não depende de n, então
$$\frac{a_1 + a_2 + ... + a_n}{a_{n+1} + a_{n+2} + ... + a_{n+nk}} = c, \text{qualquer que seja n.}$$

Logo:
$$\frac{\frac{(a_1+a_n)n}{2}}{\frac{(a_{n+1}+a_{n+nk})nk}{2}} = c \Rightarrow$$

$[a_1 + a_1 + (n-1)r]n =$
$[a_1 + nr + a_1 + (n+nk-1)r]cnk$
Simplificando obtemos:
$(r - crk^2 - 2crk)n + (2a_1 - 2a_1 kc - r + crk) = 0$.

Para que esta igualdade seja válida para todo n, devemos ter:
$$\begin{cases} r - crk^2 - 2crk = 0 \\ 2a_1 - 2a_1 kc - r + crk = 0 \end{cases}$$

Considerando $r \neq 0$ (se r=0 a PA é constante e o problema é bem mais simples) obtemos:
$$\begin{cases} c = \dfrac{1}{k(k+2)} \\ (2a_1 - r)(1 - ck) = 0 \end{cases} \Rightarrow$$

$$\left\{(2a_1 - r)\left(1 - \frac{k}{k(k+2)}\right) = 0\right.$$

$$\Rightarrow (2a_1 - r)\left(1 - \frac{1}{k+2}\right) = 0 \Rightarrow$$

$\Rightarrow 2a_1 - r = 0 \Rightarrow r = 2a_1$

Então a PA procurada é $(a_1, 3a_1, 5a_1, ...)$, qualquer que seja $a_1 \neq 0$

153) Na enésima fila horizontal encontram-se os números
$n, n+1, n+2, ..., 3n-3, 3n-2$,
que constituem uma PA com $2n - 1$ termos cuja soma é:

$$S = \frac{(n + 3n - 2)(2n-1)}{2} \Rightarrow$$

$$\Rightarrow S = \frac{(4n-2)(2n-1)}{2}$$

$$\Rightarrow S = (2n-1)^2$$

Então S é o quadrado de um número ímpar.

154) Seja a o lado do quadrado.

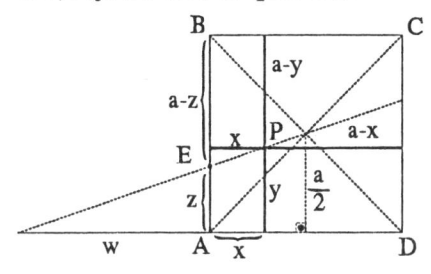

Quaremos provar que $(x, y, a - y, a - x)$ é PA

(1°) $\dfrac{AE}{EB} = \dfrac{1}{2} \Rightarrow \dfrac{z}{a-z} = \dfrac{1}{2} \Rightarrow z = \dfrac{1}{3}a$.

(2°) $\dfrac{\frac{a}{2}}{z} = \dfrac{\frac{a}{2}+w}{w} \Rightarrow w = a$

(3°) $\dfrac{z}{y} = \dfrac{w}{x+w} \Rightarrow \dfrac{\frac{1}{3}a}{y} = \dfrac{a}{x+a} \Rightarrow$

$y = \dfrac{x+a}{3} \Rightarrow$

$\begin{cases} y - x = \dfrac{x+a}{3} - x = \\ (a-y) - y = a - 2\left(\dfrac{x+a}{3}\right) = \\ (a-x) - (a-y) = y - x = \dfrac{x+a}{3} - x = \end{cases}$

$\begin{cases} = \dfrac{a-2x}{3} \\ = \dfrac{a-2x}{3} \\ = \dfrac{a-2x}{3} \end{cases}$

Então $(x, y, a - y, a - x)$ é PA.

Capítulo 3 – Progressões Geométricas (PG)

155) a) PG = $(1, -3, 9, -27, 81, ...)$; alternante.

b) PG = $\left(-12, -2, -\dfrac{1}{3}, -\dfrac{1}{18}, -\dfrac{1}{180}, ...\right)$; crescente.

c) PG = $(-7, 0, 0, 0, 0, ...)$; não decrescente.

d) PG = $(5, 10, 20, 40, 80, ...)$; crescente.

e) PG = $(162, 54, 18, 6, 2, ...)$; decrescente.

f) PG = $\left(\dfrac{2}{5}, -2, 10, -50, 250, ...\right)$; alternante.

g) PG = $(-1, -4, -16, -64, -256, ...)$; decrescente ou $(1, -4, 16, -64, ...)$ alterante.

h) PG = $\left(\sqrt{2}, \sqrt{2}, \sqrt{2}, \sqrt{2}, \sqrt{2}, ...\right)$; constante.

156) a) $q = 2$ b) $n = 6$
c) $\sqrt{a_3 \cdot a_5} = 8 = a_4$
d) $\sqrt{a_1 \cdot a_3} = 2 = a_2$

157) a) $q = -\dfrac{1}{2}$ b) $n = 7$ c) 400
d) 400   e) 400   f) 400

158) a) $q = -\dfrac{2}{3}$ b) $\dfrac{1}{3}$
c) $\dfrac{1}{3}$ d) $\dfrac{1}{3}$

159) a) $q = 1 + \sqrt{2}$; decrescente.

b) $\forall\ q \in R$; constante.
c) $q = 0$; não crescente.
d) $q = 1$; constante.
e) $q = 2 - \sqrt{5}$; alternante.
f) $q = \dfrac{2-\sqrt{2}}{2}$; decrescente.
g) $q = \sqrt[3]{3} - 1$; crescente.

160) $a_n = a_1 \cdot q^{n-1}$
161) a) $a_9 = 1024 = 2^{10}$ b) $a_9 = \pi$
    c) $a_9 = 0$
162) a) $a_6 = \dfrac{-2}{3}$; $a_7 = \dfrac{-2}{9}$
    b) $a_6 = \dfrac{-135}{28}$; $a_7 = \dfrac{405}{56}$
    c) $a_6 = \dfrac{25}{18}$; $a_7 = \dfrac{-125}{108}$
    d) $a_6 = \sqrt{3} - \sqrt{2}$; $a_7 = \sqrt{2} - \sqrt{3}$
163) a) $n = 15$ b) $n = 8$
    c) $n = 2k, k \in N^*$ d) $n = 7$
164) $a_1 = 16$
165) a) $q = \dfrac{-3}{4}$ b) $q = \pm 2$
    c) $q = \dfrac{2}{3}$ d) $\not\exists\ q \in R$
    e) $q = \pm 1$
166) a) $P_{15} = 2^{15}$ b) $P_{15} = 3^{60}$
    c) $P_{15} = 0$
167) $P_4 = 97 - 56\sqrt{3}$
168) a) $P_6 = -2^{+3}$ b) $P_6 = 6^3$
    c) $P_6 = 3^{18}$ d) $P_6 = -2^{12}$
169) a) $P_{12} = 2^{-6} = \dfrac{1}{64}$
    b) $P_8 = 2^{12}$ c) $P_5 = -1$
170) a) $P_7 = 2^7$ se $q = 5$ e
    $P_7 = -2^7$ se $q = -5$
    b) $P_{11} = \dfrac{-2^{33}}{3^{22}}$ c) $P_9 = -3^9$

171) $P_6 = \dfrac{-1}{343}$
172) $P_7 = 3^7 = 2187$
173) $a_1 = -2048$ e $a_9 = -\dfrac{1}{32}$
174) $a_n = a_{12} = -16$ ($n = 3$ não serve)
175) $a_1 = -256$ e $n = 10$
176) $q = -3$ e $n = 8$
177) $a_{13} = -10^9$
178) $q = 4$
179) $q = \pm 2$ (sugestão: use a propriedade D-3 da PG)
180) $a_{15} = \dfrac{-243}{32}$
181) $a_7 = \dfrac{-1}{32}$
182) PG = $(3, -6, 12, ...)$
183) $a_1 = 64$ e $q = \dfrac{1}{2}$ ou
    $a_1 = \dfrac{2187}{13}$ e $q = \dfrac{-1}{3}$
184) PG = $\left(6, 6\sqrt{2}, 12, ...\right)$ ou
    PG = $\left(6, -6\sqrt{2}, 12, ...\right)$
185) $q = -6$; PG alternante.
186) $a_1 = 3$ e $q = 2$ ou
    $a_1 = \dfrac{27}{4}$ e $q = \dfrac{1}{3}$
187) a) $a_7 = \pm 6$ b) $a_7 = \pm 2\sqrt{2}$
    c) em R, não existe PG que satisfaça.
188) $a_8 = -9$ (Sugestão: use a propriedade D-1 da PG)
189) 6^{11}
190) $P_{18} = -3^9$.
191) PG = $\left(\dfrac{2}{3}, -2, 6\right)$ ou
    PG = $\left(6, -2, \dfrac{2}{3}\right)$

Sugestão: escreva a PG na forma
$\left(\dfrac{x}{q}, x, xq\right)$

192) PG = (1, 2, 4, 8, 16) ou PG = (1, −2, 4, −8, 16)

193) PG = $\left(\dfrac{16}{81}, \dfrac{4}{9}, 1, \dfrac{9}{4}\right)$ ou

PG = $\left(-\dfrac{9}{4}, -1, -\dfrac{4}{9}, -\dfrac{16}{81}\right)$

Sugestão: escrever a PG na forma
$\left(\dfrac{x}{m^3}, \dfrac{x}{m}, xm, xm^3\right)$ onde $q = m^2$

194) PG = $\left(\dfrac{1}{4}, \dfrac{1}{2}, 1, 2...\right)$

195) PG = $\left(243, -27, 3, -\dfrac{1}{3}, ...\right)$

196) PG = $\left(\dfrac{1}{8}, -\dfrac{1}{2}, 2, -8, 32, -128\right)$

197) PG = $\left(9, 3, 1, \dfrac{1}{3}, \dfrac{1}{9}, \dfrac{1}{27}, \dfrac{1}{81}, \dfrac{1}{243}, \dfrac{1}{729}\right)$;

ou PG = $\left(9, -3, 1, -\dfrac{1}{3}, \dfrac{1}{9}, -\dfrac{1}{27}, \dfrac{1}{81}, -\dfrac{1}{243}, \dfrac{1}{729}\right)$

198) 5 meios geométricos
199) a) 3 meios geométricos.
   b) 1 meio geométrico.
   c) impossível.

200) $q = {}^{m+1}\sqrt{\dfrac{\beta}{\alpha}}$, se m é par,

$q = \pm{}^{m+1}\sqrt{\dfrac{\beta}{\alpha}}$ se m é ímpar

201) a) $S_7 = 635$ b) $S_7 = \dfrac{-1094}{9}$
   c) $S_7 = \dfrac{463}{108}$ d) $S_7 = -56$
   e) $S_7 = 6$

202) a) $S_n = 240 + 78\sqrt{3}$
   b) $S_n = -1364$
   c) $S_n = \dfrac{-16835}{64}$
   d) $S_n = 0, \forall\, a \in \mathbb{R}$.
   e) $S_n = b, \forall\, b \in \mathbb{R}$.

203) a) $S = \dfrac{10^{13} - 10}{9}$
   b) $S = \dfrac{10^{n+1} - 10}{9}$
   c) $S = 11111$

204) a) $S = 1.111.104$
   b) $S = \dfrac{10^{n+1} - 10 - 9n}{9}$

Sugestão: faça as decomposições
$9 = 10 - 1$, $99 = 100 - 1$, $999 = 1000 - 1$, etc.

205) a) $s = 123456$
   b) $S = \dfrac{10^2 \cdot (10^9 - 1)}{81} = 1234567900$
   c) $S = \dfrac{10^{n+1} - 10 - 9n}{81} = \dfrac{10 \cdot \overbrace{11...1}^{n\text{ uns}} - n}{9}$

Sugestão:
$S = 1 + 11 + 111 + ... = \dfrac{9}{9} + \dfrac{99}{9} + \dfrac{999}{9} + ...$

206) n = 6   207) $a_7 = 64$
208) $a_6 = -972$ 209) a) $S = 2$
   b) $S = \dfrac{16}{3}$ c) $S = -54$
   d) a PG é divergente

e) $S = \dfrac{2+\sqrt{2}}{2}$ f) $S=5$

g) $S = \dfrac{1}{3}$ h) $S = \dfrac{2}{11}$

i) a PG é divergente
j) $S=250$

210) a) $\dfrac{2}{3}$ b) $\dfrac{35}{9}$ c) $\dfrac{37}{3}$ d) $\dfrac{4}{11}$

e) $\dfrac{16}{11}$ f) $\dfrac{11}{45}$ g) $\dfrac{2547}{1100}$ h) $\dfrac{26}{111}$

i) $\dfrac{4111}{3330}$ j) 1 k) $\dfrac{12}{5}$

211) a) 2   b) $\sqrt{5}$ c) $\sqrt[5]{3^4} \cdot \sqrt[15]{5^2}$

212) a) $q = \dfrac{3}{2}$, $a_3 = 45$

b) $q = \dfrac{2}{3}$, $a_3 = \dfrac{2}{3}$

c) $q = 2\sqrt{2}+3$, $a_3 = 5\sqrt{2}+7$

d) $q = \dfrac{x-1}{x+1}$, $a_3 = $

$= \dfrac{x^3 - 2x^2 + x}{x^3 + 3x^2 + 3x + 1}$

213) a) 12 b) 3

214) a) $a_{10} = 2\sqrt{2}$ b) $a_1 = \dfrac{27}{8}$

c) $q=6$ d) $q = \pm \dfrac{3}{2}$

e) $a_{14} = 64\sqrt[4]{8}$

f) $a_6 = \pm \dfrac{\sqrt{3}}{2592}$ g) 7

215) a) $n=9$ b) $n=8$
216) a) $q = 2\sqrt{3}$ b) $q = \pm 2\sqrt[4]{8}$

c) $q = \dfrac{\sqrt[3]{12}}{2}$

d) $q = \pm a$ se $p - n$ for par e $q = a$

se $p - n$ for ímpar

e) $q = \pm \dfrac{1}{a}$ se $p - n$ for par e

$q = \dfrac{1}{a}$ se $p - n$ for ímpar

217) a) Achemos $a_j \cdot a_k$ e $a_m \cdot a_n$

$\begin{cases} a_j \cdot a_k = a_1 \cdot q^{j-1} \cdot a_1 \cdot q^{k-1} = \\ a_m \cdot a_n = a_1 \cdot q^{m-1} \cdot a_1 \cdot q^{n-1} = \end{cases}$

$\begin{cases} = a_1^2 \cdot q^{j+k-1} = a_1^2 \cdot q^{\alpha-1} \\ = a_1^2 \cdot q^{m+n-1} = a_1^2 \cdot q^{\alpha-1} \end{cases}$

Então $a_j \cdot a_k = a_m \cdot a_n$
b) Faça como no item a

218) a) $\left(729, 486, 324, 216, \right.$

$\left. 144, 96, 64, \dfrac{128}{3}\right)$

b) $\left(2\sqrt{6}, 12\sqrt{3}, 36\sqrt{6}, 216\sqrt{3},\right.$

$\left. 648\sqrt{6}, 3888\sqrt{3}, 11664\sqrt{6}\right)$ ou

$\left(2\sqrt{6}, -12\sqrt{3}, 36\sqrt{6}, -216\sqrt{3},\right.$

$\left. 648\sqrt{6}, -3888\sqrt{3}, 11664\sqrt{6}\right)$

219) a) k b) k c) k
220) Basta mostrar que $x_{n+1} : x_n$ é constante para todo n
221) 3
222) 20

223) a) 2046 b) 9841 c) $\dfrac{255}{16}$

224) $n = 10$

225) a) $\dfrac{32}{3}$ b) $\dfrac{162}{5}$ c) 256

226) a) 4p   b) $\dfrac{4S}{3}$

227) a) $4(2+\sqrt{2})a$ b) $2a^2$

228) a) $\dfrac{16}{15}$ b) $\dfrac{3701}{3300}$

229) $a_1 = 1$ e $q = -\dfrac{2}{3}$ ou

$a_1 = \dfrac{1}{5}$ e $q = \dfrac{2}{3}$

230) (7, – 28, 112, – 448)
231) (3, 6, 12, 24, 48, ...) ou
(3, – 6, 12, – 24, 48, ...)
232) (2, 10, 50) ou (2, -10, 50) ou
(50, 10, 2) ou (50, -10, 2)
233) (3, 6, 12, 24) ou (24, 12, 6, 3)
234) (4, 8, 16) ou $\left(\dfrac{4}{25}, -\dfrac{16}{25}, \dfrac{64}{25}\right)$
235) (1, 2, 4, 8, ...)
236) 1,6 e 8,1
237) $a_1 = 3$ e $q = 2$ ou $a_1 = -3$ e

$q = -2$ ou $a_1 = 768$ e $q = \dfrac{1}{2}$ ou

$a_1 = -768$ e $q = -\dfrac{1}{2}$

238) (6, 24, 96)
239) $q = 2$
240) $3\sqrt{2} + 4$
241) $-6(\sqrt{3} + 1)$
242) 6 ou $12(2\sqrt{2} + 3)$
243) 96
244) $\left(32, \dfrac{32}{3}, \dfrac{32}{9}, ...\right)$
245) $a_1 = 14, q = \dfrac{3}{4}$
246) (12, 6, 3, ...)
247) $\left(2, \dfrac{2}{3}, \dfrac{2}{9}, ...\right)$
248) 6
249) $a_1 = 1, q = 3, n = 7$
250) (3, 6, 12, 18)

ou $\left(\dfrac{75}{4}, \dfrac{45}{4}, \dfrac{27}{4}, \dfrac{9}{4}\right)$

251) 27 e 18
252) (6, 12, 24, ...)
253) (3, 15, 27, ...) e (3, 9, 27, ...) ou
(3, 3, 3, ...) e (3, – 3, 3, – 3, ...)
254) 20 ou 5
255) (3, 15, 75) ou (31, 31, 31)
256) 27 ou – 27
257) 2, 5 e 8 ou 26, 5 e – 16
258) 2, 6 e 18
259) $\dfrac{4}{9}, \dfrac{52}{9}$ e $\dfrac{676}{9}$ ou 4, 20 e 100
260) Sim, se os 3 elementos forem iguais.

261) a) $\dfrac{5}{81}\left[10^{n+1} - 9n - 10\right]$

b) $\dfrac{1}{1782}\left[86 \cdot 10^{n+1} - 693n - 860\right]$

262) a) { 0, 2 }   b) { – 2, 1 }

c) { – 3, 3 }   d) $\left\{0, \dfrac{3}{4}\right\}$

e) $\left\{\dfrac{2}{5}\right\}$ f) $\left\{\dfrac{1+\sqrt{3}}{2}\right\}$

g) $\left\{\dfrac{1}{2}, \dfrac{1}{3}\right\}$

263) $a_1 = 6$ e $q = -\dfrac{1}{2}$

264) (12, 24, 36, 54) ou (52, 5; 37, 5;
22, 5; 13, 5)

265) $a_7 = 5103$ ou $a_7 = \dfrac{7}{81}$

266) 931
267) 12, 18 e 27

268) $a_5 = \dfrac{2}{27}$

269) 5º termo

270) 1; 3 e 9 ou $\frac{1}{9}; \frac{7}{9}$ e $\frac{49}{9}$
271) 12%, 24% e 36%
272) x = 3 e y = 1
273) (1, 2, 4, 8, 16, ...) ou
$\left(8, 4, 2, 1, \frac{1}{2}, ...\right)$
274) $\frac{\sqrt{5}-1}{2} < q < \frac{\sqrt{5}+1}{2}$
275) 243
276) x = y = z = 2
277) A = 2 e B = 32 ou A = –18 e B = –288
278) 18 litros
279) $a_m = \sqrt{AB}$, $a_n = A^{\frac{2n-m}{2n}} B^{\frac{m}{2n}}$
280) $p_n = \left(\frac{S_n}{S'_n}\right)^{\frac{n}{2}}$
281) a) $\frac{(a_n q - a_1)q}{(q-1)^2} - \frac{a_1 n}{q-1}$

b) $q^2 \frac{\left(\frac{1}{a_n^2} - \frac{1}{a_1^2}\right)}{(1-q^2)^2}$

c) $\frac{q^k}{1-q^{2k}} \left(\frac{1}{a_n^k} - \frac{1}{a_1^k}\right)$

282) $s = \frac{(x^{2n+2}+1)(x^{2n}-1)}{(x^2-1)x^{2n}} + 2n$

283) Demonstração
284) Demonstração
285) Demonstração
286) O problema é possível para
    $k \in R \mid k < -2$ ou $k > 0$.

Capítulo 4 – Complementos

287) a) Se PH = $\left(4, \frac{12}{5}, a_3\right)$ então a

sequência $\left(\frac{1}{4}, \frac{5}{12}, \frac{1}{a_3}\right)$ é a sua

PA correspondente e, portanto,

$2 \cdot \frac{5}{12} = \frac{1}{4} + \frac{1}{a_3} \Rightarrow$

$\Rightarrow \frac{10}{12} - \frac{1}{4} = \frac{1}{a_3} \Rightarrow \frac{1}{a_3} = \frac{7}{12} \Rightarrow$

$\Rightarrow a_3 = \frac{12}{7}$

b) $a_2 = 1$ c) $a_1 = -5$

288) PH = $\left(\frac{1}{3}, a_2, \frac{2}{3}, a_4\right) \Rightarrow$

PA = $\left(3, \frac{1}{a_2}, \frac{3}{2}, \frac{1}{a_4}\right)$

$\Rightarrow \begin{cases} 2 \cdot \frac{1}{a_2} = 3 + \frac{3}{2} \quad (1) \\ 2 \cdot \frac{3}{2} = \frac{1}{a_2} + \frac{1}{a_4} \quad (2) \end{cases}$

De (1), temos: $\frac{2}{a_2} = \frac{9}{2} \Rightarrow a_2 = \frac{4}{9}$

De (2), temos:

$3 = \frac{9}{4} + \frac{1}{a_4} \Rightarrow 3 - \frac{9}{4} = \frac{1}{a_4} \Rightarrow a_4 =$

Portanto: PH = $\left(\frac{1}{3}, \frac{4}{9}, \frac{2}{3}, \frac{4}{3}\right)$ e

$S = \frac{1}{3} + \frac{4}{9} + \frac{2}{3} + \frac{4}{3} = \frac{25}{9}$

289) $a_6 = \frac{9-\sqrt{2}}{79}$

290) $a_2 = \frac{1}{5}$; $a_5 = \frac{1}{14}$

291) $a_1 = \frac{-12}{5}$ 292) $n = 11$

293) Dada a PH = $(a_1, a_2, a_3, ..., a_n, ...)$, seja a sua PA correspondente $(b_1, b_2, b_3, ..., b_n, ...)$ onde

$b_1 = \frac{1}{a_1}$, $b_2 = \frac{1}{a_2}$, etc.

Na PA, temos:
$b_n = b_1 + (n-1).r$ onde
$r = b_2 - b_1$ ou seja
$b_n = b_1 + (n-1).(b_2 - b_1)$ mas, por definição, temos:

$\frac{1}{a_n} = \frac{1}{a_1} + (n-1).\left(\frac{1}{a_2} - \frac{1}{a_1}\right)$

$\frac{1}{a_n} = \frac{1}{a_1} + (n-1).\left(\frac{a_1 - a_2}{a_1 a_2}\right)$

$\Rightarrow \frac{1}{a_n} = \frac{a_2 + (n-1)(a_1 - a_2)}{a_1 a_2}$ e,

portanto,

$a_n = \frac{a_1 a_2}{a_2 + (n-1)(a_1 - a_2)}$

(fórmula do termo geral da PH)
Observação: este é apenas um exercício teórico e a memorizcção de tal fórmula, pelo aluno, é totalmente inútil.

294) $a_1 = -\frac{1}{2}$

295) $x = 6$

296) PH = $\left(\frac{2}{5}, \frac{4}{9}, \frac{1}{2}, \frac{4}{7}, \frac{2}{3}, \frac{4}{5}, 1, \frac{4}{3}\right)$

297) Demonstração

298) Demonstração

299) a) PAG = $(-4, -2, 8, 40, 128, ...)$
b) PAG = $(10, 12, -18, -216, -1134, ...)$
c) PAG = $\left(1, \frac{3}{2}, \frac{5}{4}, \frac{7}{8}, \frac{9}{16}, ...\right)$

d) PAG = $\left(5, \frac{3}{3}, \frac{1}{9}, -\frac{1}{27}, -\frac{3}{81}, ...\right)$

e) PAG = $\left(1, \frac{2}{2}, \frac{3}{4}, \frac{4}{8}, \frac{5}{16}, ...\right)$

f) PAG = $\left(1, 0, -\frac{1}{4}, \frac{2}{8}, -\frac{3}{16}, ...\right)$

g) PAG = $\left(1, -\frac{2}{3}, \frac{3}{9}, -\frac{4}{27}, \frac{5}{81}, ...\right)$

300) a) $a_n = (3n-7).2^{n-1}$ e $a_{10} = 23.2^9$
b) $a_n = (16-6n).3^{n-1}$ e $a_{10} = -44.3^9$
c) $a_n = (2n-1).2^{1-n}$ e $a_{10} = 19.2^{-9}$
d) $a_n = (7-2n).3^{1-n}$ e $a_{10} = -13.3^{-9}$
e) $a_n = n.2^{1-n}$ e $a_{10} = 10.2^{-9}$
f) $a_n = (2-n).\left(-\frac{1}{2}\right)^{n-1}$ e $a_{10} = \frac{1}{64}$
g) $a_n = n\left(-\frac{1}{3}\right)^{n-1}$ e $a_{10} = -10.3^{-9}$

301) a) Multiplicando os dois membros da igualdade pela razão da PG $\left(q = \frac{1}{2}\right)$, temos:

$S = 1 + \frac{3}{2} + \frac{5}{4} + \frac{7}{8} + \frac{9}{16} + ...$

$\frac{1}{2}S = \frac{1}{2} + \frac{3}{4} + \frac{5}{8} + \frac{7}{16} + \frac{9}{32} + ...$

$S - \frac{1}{2}S = 1 + \left(\frac{2}{2} + \frac{2}{4} + \frac{2}{8} + \frac{2}{16} + ...\right)$

$\frac{1}{2}S = 1 + \left(\frac{2}{2} + \frac{2}{4} + \frac{2}{8} + \frac{2}{16} + \ldots\right)$

(PG infinita com $q = \frac{1}{2}$)

$\frac{1}{2}S = 1 + \frac{\frac{2}{2}}{1-\frac{1}{2}} = 1 + \frac{\frac{2}{2}}{\frac{1}{2}} \Rightarrow$

$\Rightarrow \frac{1}{2}S = 3 \Rightarrow S = 6$

b) $S = 6 \quad \left(q = \frac{1}{3}\right)$

c) $S = 4 \quad \left(q = \frac{1}{2}\right)$

d) $S = \frac{4}{9} \quad \left(q = -\frac{1}{2}\right)$

e) $S = \frac{8}{9} \quad \left(q = -\frac{1}{2}\right)$

f) $S = \frac{9}{16} \quad \left(q = -\frac{1}{3}\right)$

302) a) $S_n = 10 + (3n - 10) \cdot 2^n$

b) $S_n = -\frac{1}{2}\left[19 - (19 - 6n) \cdot 3^n\right]$

303) $\lim\limits_{n \to \infty} S_n = \dfrac{x^2(2x^2 + 1)}{(x^2 - 1)^2}$

304) $\lim\limits_{n \to \infty} S_n = \dfrac{3x^2 + x^3}{(1 + x)^2}$

305) a) $99 \cdot 2^{100} + 1$

b) $S_n = \dfrac{1 - x^{n+1}}{(1-x)^2} - \dfrac{(n+1)x^{n+1}}{1-x}$

se $x \neq 1$ e

$S_n = \dfrac{(n+1)(n+2)}{2}$ se $x = 1$

c) $S = \dfrac{x^2(x^n - 1)}{(x-1)^2} - \dfrac{nx}{x-1}$ se

$x \neq 1$ e $S = \dfrac{n(n+1)}{2}$ se $x = 1$

d) $S_n = 3 - \dfrac{2n+3}{2^n}$

306) a) PGA = $(-4, -5, -10, -23, -52, \ldots)$

b) PGA = $\left(100, 52, 29, \dfrac{37}{2}, \dfrac{57}{4}, \ldots\right)$

c) PGA = $\left(54, 16, 2, -4, -\dfrac{22}{3}, \ldots\right)$

307) a) $a_8 = -33$ b) $a_8 = 9$
c) $a_8 = 2$

308) a) $S_7 = \dfrac{129}{4}$ b) $S_7 = \dfrac{127}{4}$

c) $s_7 = 533$
Sugestão: Decomponha esta soma em duas outras somas parciais: de uma PG com 7 termos mais uma PA com 6 termos.

Testes e questões de vestibulares

V.1) D   V.2) E   V.3) B
V.4) C   V.5) D   V.6) D
V.7) B   V.8) B   V.9) B
V.10) C   V.11) A   V.12) C
V.13) B   V.14) D   V.15) C
V.16) D   V.17) C   V.18) A
V.19) B   V.20) E   V.21) D
V.22) C   V.23) D   V.24) D
V.25) B   V.26) C   V.27) B
V.28) D   V.29) A   V.30) B
V.31) E (k = 6)
V.32) B   V.33) B   V.34) A
V.35) C   V.36) C   V.37) C

V.38) C   V.39) B   V.40) D
V.41) B   V.42) B   V.43) D
V.44) A   V.45) D   V.46) E
V.47) E   V.48) D   V.49) B
V.50) C   V.51) B   V.52) C
V.53) C   V.54) D   V.55) E
V.56) E   V.57) E   V.58) B
V.59) E   V.60) A
V.61) $a_1 = 5; r = 2$
V.62) $S = 7.142.135$
V.63) PA = (1, 3, 5, ...)
V.64) 238   V.65) 21
V.66) a) 100 b) n^2
V.67) a) 142 b) 129
V.68) –245   V.69) A soma dos algarismos de S é 21 (S = 6924)
V.70) 99
V.71) a) (1, 4, 7, 10, ...)
      b) (1, 2, 6, 13, ...)
V.72) $a_1 = 4; r = 8$ V.73) 129
V.74) $D_n = n$
V.75) a) $a_1 + a_9 = a_1 + a_1 + 8r = 2a_1 + 8r$ e $a_2 + a_8 = a_1 + r + a_1 + 7r = 2a_1 + 8r$
      Portanto: $a_1 + a_9 = a_2 + a_8$
      b) $a_5 = 1986$
V.76) 15 (ele percorreu 2670 m)
V.77) C   V.78) A   V.79) A
V.80) D   V.81) A   V.82) D
V.83) A   V.84) B   V.85) C
V.86) B   V.87) A   V.88) C
V.89) A   V.90) D   V.91) C
V.92) E   V.93) A   V.94) E
V.95) E   V.96) A   V.97) C
V.98) E   V.99) A   V.100) A
V.101) C   V.102) C   V.103) A
V.104) D   V.105) A   V.106) B
V.107) E   V.108) A   V.109) C
V.110) B   V.111) D   V.112) B
V.113) D   V.114) D   V.115) D
V.116) E   V.117) C   V.118) E
V.119) A   V.120) D   V.121) C
V.122) C   V.123) D   V.124) C
V.125) E   V.126) D   V.127) A
V.128) D   V.129) A   V.130) A

V.131) B   V.132) D   V.133) E
V.134) D   V.135) E   V.136) B
V.137) D   V.138) A   V.139) C
V.140) D   V.141) D   V.142) C
V.143) E   V.144) D   V.145) B
V.146) B   V.147) C   V.148) A
V.149) D   V.150) A   V.151) C
V.152) B   V.153) C   V.154) A
V.155) C   V.156) $x = 6 - a$

V.157) $S_1 = 2046$ e $S_2 = \dfrac{3^{11}-3}{2}$, portanto $S_2 > S_1$.

V.158) $5.2^{11}\sqrt{2}$

V.159) $A_0 = L^2, A_1 = \dfrac{L^2}{2}, A_n = \dfrac{L^2}{2^n}$

V.160) $n^{\frac{n^2+n}{2}}$

V.161) $\dfrac{c}{a}\left[\left(\dfrac{a}{b}\right)^2 - \left(\dfrac{a}{b}\right) + 1\right] = 1$

V.162) $q = 3$ V.163) $q = 3$

V.164)
a) $\begin{cases} \text{se } r \neq 1 \Rightarrow S_n = \dfrac{r^n - 1}{r - 1} \\ \text{se } r = 1 \Rightarrow S_n = n \end{cases}$

b) $-1 < r < 1 \Rightarrow S = \dfrac{1}{1-r}$

V.165) $\lim\limits_{n \to \infty} S_n = 2 + \sqrt{2}$

V.166) 50 centavos

V.167) $q = \dfrac{1}{5}$

V.168) 101,25 cm

V.169) a) 4h   b) 5,5 hN
       c) nunca completará 600 m

V.170) $MH = \left(\dfrac{\dfrac{1}{a}+\dfrac{1}{b}}{2}\right)^{-1} = \dfrac{2ab}{a+b}$

$MG = \sqrt{ab}$.

Seja $K = \dfrac{MG}{MH}$

$K = \dfrac{\sqrt{ab}}{\dfrac{2ab}{a+b}} = \dfrac{a+b}{2\sqrt{ab}}$

$K - 1 = \dfrac{a+b}{2\sqrt{ab}} - 1 =$

$= \dfrac{a - 2\sqrt{ab} + b}{2\sqrt{ab}} =$

$= \dfrac{\left(\sqrt{a} - \sqrt{b}\right)^2}{2\sqrt{ab}} > 0 \Rightarrow$

$K > 1 \Rightarrow \dfrac{MG}{MH} > 1 \Rightarrow$

$MG > MH$

V.171) $S = m$

V.172) a) $PA = (2, 4, 6, 8, 10)$
b) $a_5 = 32$

V.173) $r = \dfrac{2}{9}; x = \dfrac{40}{81}$

V.174) $PG = (18, 6, 2)$

V.175) 25

Impressão e Acabamento
Bartira
Gráfica
(011) 4393-2911